अपना वाला स्कूल

अपना वाला स्कूल

सरिता बाम्भा

वाणी प्रकाशन

वाणी प्रकाशन
4695, 21-ए, दरियागंज, नयी दिल्ली 110 002
शाखा
अशोक राजपथ, पटना 800 004
फ़ोन : +91 11 23273167 फ़ैक्स : +91 11 23275710
www.vaniprakashan.in
vaniprakashan@gmail.com
editorial@vaniprakashan.in
sales@vaniprakashan.in

APNA WALA SCHOOL
by Sarita Bambha

ISBN : 978-93-5229-060-4
Collection of Stories

प्रथम संस्करण

मूल्य : ₹ 325

यश प्रिंटोग्राफिक्स, नोएडा-201 301 (उ.प्र.) में मुद्रित

वाणी प्रकाशन का लोगो मक़बूल फ़िदा हुसेन की कूची से

परम पूज्य माता-पिता
एवं
गुरुजनों के पवित्र चरणों में
सश्रद्ध समर्पित

बच्चन

सोपान
गुलमोहर पार्क
नई दिल्ली
१८. १. '८४

[illegible]

आपका ३१. १२. ८३ का [illegible]

[illegible]

[illegible]

[illegible]

दो शब्द

सरिता बाम्भा : कहानी के केनवास पर ज़िन्दगी को उकेरती एक सच्ची लेखिका

सरिता बाम्भा कहानी के केनवास पर ज़िन्दगी को उकेरती एक सच्ची लेखिका हैं। सच्ची इस अर्थ में कि उनकी कहानियों में पांडित्य के नाम पर न तो कहीं क्लिष्टता व कृत्रिमता दिखाई देती है और न ही प्रयोग के नाम पर भाषा से खेलने की अवैध छूट, व्यावसायिक होड़ में केवल छपने के लिए लिखने की विवशता भी उन्होंने कभी अपनी लेखनी पर नहीं थोपी है, इसलिए उनके शब्द सहज रूप में हृदय की गहराई से निकलकर सीधे पाठक के अन्तस तक पहुँचते हैं, बड़ी शिद्दत से उससे बतियाते हैं और इस बतियाने में ज़िन्दगी की भूल-भुलैया में खोया पाठक अपने आपको व अपने अतीत से जुड़े रहे कितने ही पात्रों को यत्र-तत्र खड़ा पाता है। इनकी कहानियों में केवल नारी-जीवन की व्यथा का चित्रण न होकर, अन्तर्द्वन्द्वों के चक्रव्यूह में फँसी मानवीय लाचारी, टूटते-बिखरते पारिवारिक ढाँचे, खोखले होते सामाजिक सम्बन्ध, अन्तस के अन्दर-अन्दर बहती-सिसकती बेचैनी और परिस्थितियों के तेज़ बहाव में कश्ती-सी बहती ज़िन्दगी के अनेक चित्र दिखाई देते हैं।

सरिता जी की कहानियों को पढ़ना मानो परत-दर-परत ज़िन्दगी के बीते लम्हों को कुरेदते हुए उनके साथ खुद को जोड़े रखना है। इनकी कहानियों में पाठकों की संवेदनाओं को सहजता के साथ स्पर्श करने का एक सच्चा गुण है। इसी कारण इस संग्रह की 'अपना वाला स्कूल', 'सेहरा', 'तालाबों वाला शहर' और 'सान्त्वना' के साथ सभी कहानियाँ जीवन के समानान्तर चलती दिखाई देती हैं। 'उत्तरार्द्ध' कहानी में आरम्भ से अन्त तक एक-एक शब्द कथा-नायिका के

अन्तर्द्वन्द्व को इस भाँति अभिव्यक्ति देता है कि पाठक के अन्तस से भी एक आह निकल जाती है, कई स्थलों पर मन में कुछ खिंचता हुआ-सा लगता है और वही खिंचाव आँखों के कोरों में तरलता के रूप में दिखाई देने लगता है। कई दशकों से कविताओं, कहानियों के केनवास पर जीवन को उकेरती हुई सरिता बाम्भा जी की ये कहानियाँ निश्चित ही पाठकों को गहराई तक छुएँगी, ऐसा मुझे विश्वास है।

डॉ. विनोद 'प्रसून'
साहित्य-सेवी
(हिन्दी विभागाध्यक्ष)
दिल्ली पब्लिक स्कूल
ग्रेटर नोएडा (उ.प्र.)

भूमिका

सामने कुछ दिख गया—स्पर्श हुआ—और बिना लिखे रहा नहीं गया तो कहानी बन गयी। बस, लेखन ऐसे ही होता रहा। प्रकाशन का आग्रह कम रहा—और सम्भवतः विलम्ब से कहानी-संग्रह निकलने का एक कारण यह भी है। बहरहाल कथा-लेखन वैसे तो साठ के दशक में प्रारम्भ हुआ, पर जैसा प्रायः होता है—शुरुआत कविताओं से हुई—अपने विद्यालयी दिनों में ही। तब कुछ रचनाएँ प्रकाशित भी हुई थीं। पर किसी प्रतिष्ठित पत्रिका में प्रकाशित होने वाली पहली कहानी थी—'पापा' जो सन् 76 में 'कहानी' में प्रकाशित हुई। इसके बाद शीघ्र ही आकाशवाणी राँची से आमन्त्रण मिला—रचना-प्रसारण के लिए। इस प्रकार अधिकांश रचनाओं (कहानियों) का प्रसारण और फिर प्रकाशन सन् 70 तथा 80 के दशकों में हुआ।

कहानियाँ प्रायः 'कहानी', 'धर्मयुग', 'साप्ताहिक हिन्दुस्तान' आदि प्रतिष्ठित पत्रिकाओं में ही प्रकाशित हुई हैं। रचनाओं के अन्त में प्रथम प्रसारण काल या प्रकाशन काल का उल्लेख है। अधिकांश कहानियों का रचनाकाल भी वही है जो उनका प्रसारण काल और प्रकाशन काल है।

इस संकलन के प्रकाशन में जिन आत्मीय सज्जनों की सहृदयता एवं सदाशयता का अमूल्य मार्गदर्शन साथ रहा है, उन्हें मेरा हार्दिक धन्यवाद।

सरिता बाम्भा

3A-803, गुरजिन्दर विहार,
AWHO टाउनशिप, सेक्टर-Chi
ग्रेटर नोएडा (उत्तर प्रदेश)

अनुक्रम

संकल्प

पिरथी, अभी केवल नौ वर्ष का ही था जब उसे अपनी माँ के साथ गाँव छोड़ शहर आ जाना पड़ा था। गाँव में अचानक अकाल पड़ा और महामारी भी फैल गयी। उसके प्यारे भाई-बहन और बापू उससे छिन गये। खेत-खलिहानों में सूखा पड़ गया। मवेशी और मनुष्य मरने लगे। लोग प्राण बचाकर अपना प्यारा गाँव छोड़ शहरों को भागे। सो पिरथी भी अपनी माँ के साथ शहर की सड़कों पर हफ्ता भर भटकता रहा, तब कहीं सिर छुपाने की जगह मिली। एक वकील साहब के घर की मालकिन ने पिछवाड़े की छोटी कोठरी में उन्हें जगह दे दी। माँ के साथ-साथ पिरथी भी घर के कामकाज किया करता। मालकिन के दोनों छोटे बच्चों को रोज उनके विद्यालय पहुँचाने और ले जाने का काम भी उसे मिला। पिरथी ने यहाँ बहुत सारी नयी-नयी बातें देखीं और समझीं। बच्चों के विद्यालय और वहाँ के बच्चों के बारे में सोचता रहता। गाँव के प्राथमिक विद्यालय में

वह कुछ समय गया था और वर्णमाला सीखी थी।

कल रात पिरथी को नींद नहीं आयी थी। बार-बार गुड्डू बाबू और अंजू बेबी के स्कूल की उस सफेदपोश मैडम के शब्द उसके नन्हे मस्तिष्क में घुमड़ते रहे थे। ठीक ही तो कह रही थी मैडम–नौ-दस वर्ष की उम्र तक आखिर क्या सीखा उसने। समय बेकार गँवाया न। गुड्डू बाबू और अंजू बेबी कितने छोटे हैं उससे। पर कितना लिखना-पढ़ना सीख गये हैं–दो ही तीन वर्षों में। वही क्यों मूर्ख बना जीवन भर। क्यों नहीं उनकी तरह पढ़-लिख सकता वह भी। क्या कमी है उसमें। बस गरीबी से लड़ रहा है, इसीलिए न। मालकिन के यहाँ काम करना जरूरी है, इसीलिए न। पर इसके लिए मैडम ने बता तो दिया था उपाय कि दोपहर बारह से तीन बजे गरीब बच्चों वाले स्कूल में आ जाना। फिर किताबें, कापियाँ भी तो मैडम ही दिलवा देंगी, कह रही थीं। उन्होंने तो टिफिन के साथ कुछ नाश्ता भी देने की बात कही है और बीच-बीच में पुराने कपड़े भी देंगे, बताया। और क्या चाहिए। मालकिन को क्या दिक्कत होगी। दोपहर के ये तीन घंटे छोड़कर सारा समय तो उनका ही काम करना है न। माँ के साथ झटपट कर दिया करेगा। बस, अब माँ को मनाना होगा। इस तरह अनपढ़ वह नहीं रहेगा। आखिर गुड्डू बाबू......और उसमें क्या अन्तर है। तभी तो मैडम कितने प्यार से उसे सब कुछ समझा रही थी। मालकिन तो बात-बात में डाँटती-झिड़कती है।

उस जैसे और भी तो बहुत बच्चे आते हैं, दोपहर वाले स्कूल में। वह अवश्य पढ़ेगा। वह जायेगा विद्यालय। पिरथी मन को मजबूत करता रहा। सोच लिया उसने–कल सुबह माँ से पूरी बात कहेगा। मालकिन से भी सब कुछ बतायेगा। किसी को आगे बढ़ने से रोक नहीं सकतीं वह। अपना काम ही तो लेंगी। वह सब हो जायेगा।

जो थोड़ी बहुत पढ़ाई पिरथी ने अपने गाँव में प्रारम्भ की थी, वह सब अब कुछ भी याद नहीं रह गया था उसे। वहाँ उसका मन भी पढ़ाई में नहीं लगता था क्योंकि मास्टर जी बहुत बुरी तरह डाँटते-डपटते रहते थे। बात-बात में कड़ी सजाएँ देते थे। कभी सौ दफे उठक-बैठक करवाते, कभी घंटा भर एक ही टाँग पर खड़ा रखते। कभी टिफिन बन्द करा देते और कभी सामने मैदान में दस चक्कर दौड़ा कर बेदम कर देते। पढ़ना-पढ़ाना कम, सजा ज्यादा

होती। वह ऊब कर पढ़ना छोड़ बैठा था। पर यहाँ तो बिल्कुल भी वैसी कोई बात नहीं दिखती। मैडम कितने प्यार से समझाती है। जी चाहता है, बस सुनते रहो। पिरथी का हृदय उमंग और उत्साह में उछल रहा था। निर्णय ले लिया था उसने। अगले दिन गुड्डू बाबू और अंजू बेबी को उनके स्कूल पहुँचाने चला तो पैर जमीन पर नहीं पड़ रहे थे। आज वह मैडम को पक्की तरह कह देगा कि कल से वह दोपहर वाले स्कूल में पढ़ने आयेगा। सुनकर मैडम हँसते हुए उसकी पीठ पर भी जरूर हाथ रखेंगी जैसा दूसरे बच्चों को किया करती हैं। उसने कई बार देखा है। इन्हीं विचारों में डूबते-उतराते पिरथी ने कब दोनों बच्चों के साथ विद्यालय का फाटक पार कर लिया, उसे पता ही नहीं चला। घंटी लगने और प्रार्थना समाप्त होने तक वह गेट के पास वाले गुलमोहर के पेड़ तले खड़ा चुपचाप देखता, सोचता रहा। मैडम कहीं नजर नहीं आ रही थी। बच्चे अपने-अपने वर्गों में जा घुसे थे। पिरथी थोड़ी देर रुका रहा, फिर धीरे-धीरे दबे पैरों बरामदे पर जा चढ़ा। ढूँढ़ती निगाहों से इधर-उधर देखता रहा। फिर निराश-सा लौटने को हुआ कि सामने से वही अच्छी वाली मैडम आती दिखायी दीं। पिरथी का चेहरा खुशी से दमक उठा। लपक कर पास जा पहुँचा और बोला-'मैडम हम कल दोपहर से स्कूल में पढ़ने आ जायें?'

मैडम रुक गयी-"अरे तू पिरथी! कल से क्यों बच्चे! आज ही से क्यों नहीं। यह तो बड़ा अच्छा काम है। जितनी जल्दी शुरू कर सको, उतना ही अच्छा। आ.... आज से ही बेटे।" उसके कन्धे पर हाथ रखा मैडम ने।

"पर मैडम जी, मेरे पास किताब, कॉपी, पेंसिल कुछ भी नहीं है। अपनी मालकिन से भी पूछना है अभी। मैं कल ही आ सकूँगा मैडम जी। बस, आप मेरा नाम आज लिख लें तो बड़ी कृपा होगी।" मारे खुशी के वह चहचहा रहा था।

"किताबें, कॉपियाँ तो तुम्हें हम यहीं से देंगे। उनकी तुम फिक्र मत करो। बस रोज दोपहर में नियम से आते रहो। पढ़-लिख कर एक दिन अच्छे लड़के-अच्छे आदमी बन जाओगे। अच्छा, अब तुम जाओ। कल आ जाना।"

पिरथी भागा-भागा घर पहुँचा। आते ही अपनी कोठरी में माँ से

सारी बात कह सुनायी। सुनकर माँ खुश हुई, पर शीघ्र ही उदास हो गयी। उसे मालकिन के स्वभाव का पता था। वह हरगिज बर्दाश्त नहीं कर सकेंगी कि पिरथी तीन घंटे का समय यों व्यर्थ बर्बाद करे। भला नौकरों को पढ़ाई-लिखाई से क्या काम! उन्हें तो मालिकों की ड्यूटी बजानी है, और इसके लिए पढ़ाई के बगैर भी चलेगा। पर पिरथी यह सब मानने को तैयार न था। वह देर तक ज़िद पर अड़ा रहा। तंग आकर माँ ने उसे मालकिन से बात कर लेने की इजाज़त दी।

पिरथी डरता, सकुचाता मालकिन के पास पहुँचा और अपने पढ़ने की बात मुँह से निकाली ही कि वे बुरी तरह बिगड़ उठीं–"तेरा दिमाग तो नहीं खराब हो गया–कि किसी कुत्ते ने काट लिया। तू स्कूल जायेगा रे पिरथी! किसने भर दी यह बात तेरी खोपड़ी में। चल भाग यहाँ से–काम में लग जा माँ के साथ। सुबह से अकेली लगी है–ढेरों काम पड़े हैं अभी। भूखों मर जायेगा, स्कूल जाने की बात करेगा तो।"

पिरथी का कोमल हृदय बुझ गया। रुआँसा हो अपनी कोठरी में वापस लौट आया। माँ बिना पूछे सब कुछ समझ गयी। उसने बेटे के सिर पर प्यार और दिलासा की हथेली फिरायी और उसे लेकर काम में जुट गयी।

रात पिरथी ने ठीक से खाना नहीं खाया। नींद भी नहीं आयी ठीक से। कितना खुश था वह। पर अब! क्या करे वह अब! कैसे पढ़े। हार तो नहीं मान सकता। छि: कितनी खराब बात है। चुपचाप हार मान कर बैठ जाये। हरगिज नहीं। किसी भी तरह नहीं। कुछ न कुछ करना पड़ेगा। बच्चों को फाटक के समीप छोड़ कर चुपचाप मन में तर्क-वितर्क करता, भारी कदमों से वापस लौट आया। थोड़ा समय पाते ही गुड्डू बाबू और अंजू बेबी की रंगीन सुन्दर-सुन्दर तस्वीरों वाली पुस्तकें छिप-छिप कर उलटता-पलटता रहता।

एक दिन उसी मैडम ने गेट के पास पिरथी को देख लिया। इशारे से निकट बुलाया और पूछा–"क्या बात है, पिरथी! तुम आये नहीं पढ़ने?" पिरथी रो पड़ा। फिर धीरे-धीरे मैडम से उसने सारी बात कह सुनायी।

"रो मत बेटे। यदि तुममें पढ़ने की, कुछ कर दिखाने की सच्ची लगन है तो तुम्हारे रहने का प्रबन्ध यहीं हो जायेगा–इसी अहाते के

अन्दर। तुम यहाँ काम भी करना और पढ़ना भी। कल समय निकाल कर थोड़ी देर के लिए अपनी माँ को, मुझसे मिलाने यहाँ ले आना। मैं सारी बात समझा दूँगी। तुम्हें कोई परेशानी नहीं होगी।''

पिरथी का नन्हा सरल हृदय प्रसन्नता से एक बार फिर खिल उठा।

दोनों स्कूल के अहाते में आ गये। पिरथी को काम भी मिला और पढ़ने की सुविधा भी। मैडम को देखते ही दोनों आदर से झुक-झुक पड़ते थे।

ईश्वर का नाम लेकर पिरथी ने वर्ग में पहले दिन प्रवेश किया। सामने श्यामपट्ट पर लिखे जाते वर्णाक्षरों को वह बड़े ध्यान से देख रहा था। उसकी आँखें हीरे की डली सी चमकने लगी थीं। उसे अक्षरों के बीच दिखाई पड़ रहा था, एक सुन्दर सुनहरा कल, जब पढ़-लिख कर वह भी एक अच्छा लड़का-अच्छा आदमी बन सकेगा।

संवेदना

चलते-चलते सहसा रूककर मैं बायीं ओर के नये पीले भवन को देखने लगी थी। लगभग तीन साल पहले पिछली बार जब मैं यहाँ आयी थी, यह जगह खाली थी—एक छोटा मैदानी टुकड़ा, हरे मुलायम घास के गलीचे से ढका हुआ। हम, हर शाम, इस गलीचे पर कुछ देर चल लेने का आनन्द अवश्य प्राप्त कर लेते थे। अब वहाँ खड़े भवन के विषय में स्वाभाविक ही उत्सुकता हुई। ऊपर अंकित था—'विकलांग-चिकित्सालय'। राहत सी मिली। विकलांग बच्चों के प्रति प्रारम्भ से ही सक्रिय सहानुभूति रही है। इच्छा हुई अन्दर जाकर देखूँ, कैसी व्यवस्था है। परिचारिका को लेकर बच्चों से मिली। मासूम प्यारे-प्यारे बच्चे—प्रकृति की निर्ममता के शिकार। मन भारी-भारी हो आया। तभी लगभग पचीस वर्ष पुरानी बात, बड़ी स्पष्टता से स्मृति में उभर आयी। एक ऐसे ही विकलांग बच्चे को स्कूल में पढ़ाया था मैंने—जब मैं शिक्षिका थी। उसे मैंने

सिर्फ दो साल पढ़ाया था–'पाँचवीं' एवं 'छठी' श्रेणी में। अपना विद्यालयी-जीवन उसने पाँचवीं से ही प्रारम्भ किया था। पूर्वाभ्यास घर पर चलता रहता था। वह एक विकलांग बालक था–पैरों से लाचार। चलने-खड़े होने तक में सर्वथा असमर्थ। घुटनों से नीचे दोनों पैर धनुषाकार मुड़े हुए दुर्बल; जिन पर कमर से ऊपर का सारा सबल हिस्सा नहीं टिकाया जा सकता था। बैठकर दोनों हथेलियों को धरती पर टिकाए वह किसी तरह सरक भर लेता था। नियति का खेल कि मस्तिष्क उसे विलक्षण मिला था।

विद्यालय-जीवन का उसका पहला दिन मेरे ही वर्ग से शुरू हुआ था। उसके अभिभावक ने बताया कि चार वर्ष की उम्र से ही अध्ययन में उसकी असाधारण रुचि देख उसकी उपेक्षा न की जा सकी। पाँचवीं तक की पुस्तकें उसने शीघ्र ही घर पर समाप्त कर लीं और बच्चे की महत्वाकांक्षा ने पिता को उसके विद्यालय-प्रवेश के लिए काफी समय तक संघर्षरत रखा। क्योंकि उसे विद्यालय में कठिनाई से ही प्रवेश मिला था। प्रथम दिन पिता गोद में लेकर बच्चे को मेरे कक्ष में लाये थे। सामने की बेंच पर बिठा देने के बाद सारी बात बतायी थी। बालक 'विशाल' को देखकर मेरे साथ-साथ सारी कक्षा का हृदय उमड़ पड़ा था। बच्चों की आँखों में उनके इस नये सहपाठी के प्रति जो करुणा छलकती मैंने देखी वह असह्य थी। अपने स्नेह-स्पर्श से आश्वस्त करते हुए उसका परिचय सहपाठियों से कराया था और उसके प्रति उनके सहानुभूतिपूर्ण व्यवहार की कामना की थी।

'विशाल' नित्य विद्यालय आता रहा। अपने साथियों के बीच–यही तो उसे अपने जीने का किंचित अहसास होता। कुछ आगे बढ़ने की अनुभूति होती। पिता उसे स्वयं पहुँचाने आते और छुट्टी के वक्त लेने भी।

मैंने कई बार लक्ष्य किया था मध्यावकाश में जब उसके साथी अपना नाश्ता लिये दौड़ पड़ते, बाहर घने पेड़ों की छाँह में और हँसते-खिलखिलाते खाना समाप्त करते; वह बालक अपनी स्थायी जगह–बेंच पर बैठा चुपचाप खिड़की से बाहर अपने साथियों को देखा करता और अपने नाश्ते के कौर बड़े शान्त भाव से मुँह में डालता होता। ऐसे समय क्या-क्या सोचता होगा वह। स्वयं को अपने

साथियों की तुलना में कितना असहाय, कितना दीन पाता होगा।

नित्य ही खेल की घंटी की बच्चों को विशेष प्रतीक्षा रहती। घंटी सुनते ही दौड़ पड़ते सब के सब गिरते पड़ते एक-दूसरे को ठेलते बाहर मैदान की ओर। और वह बड़ी खामोशी से देखता भर रहता। साथियों की हरकतों पर कभी-कभी हँस भी पड़ता, मानों अन्दर से ही हिस्सा ले रहा हो उनके खेल में। किस खूबी से साध लिया था उसने स्वयं को। परिस्थितियों ने कितनी समझ पैदा कर दी थी उसके अन्दर। कई बार मैंने देखा, खेल की घंटी में सूने वर्ग में बेंचों के बीच अकेला बैठा वह अपनी पुस्तकों में लीन होता। ऐसे वक्त के लिए मैंने उसे प्रोत्साहित करने की, कई बालोपयोगी पुस्तकें लाकर दी थीं। वह बेहद खुश होता था। उस खुशी की जो नैसर्गिक चमक उसकी आँखों में कौंधती, उससे मिलने वाले आत्मसन्तोष और सुख को मैं बार-बार पाना चाहती। एक अजीब जज़्बाती सम्बन्ध हो गया था उससे। उसकी निरीहता वस्तुत: अन्दर तक हिला देने वाली चीज थी। उसकी विवशता ने उसे समय से पूर्व परिपक्व बना डाला था। प्रकृति ने दुर्बल पैर देकर उसे एक सबल मस्तिष्क सौंप दिया था।

फिर भी बालक ही तो था। साथियों को उछलते-कूदते देख, ईश्वर के इस अन्याय के प्रति कैसी भावनाएँ उफनती होंगी दिल में। प्रकृति की निर्ममता का शिकार क्या उसे ही होना था। उन दिनों अक्सर उस चमकती आँखों वाले बालक के विषय में सोचा करती। कितना समझदार है! चुपचाप कितना झेल रहा है। कैसे समझा लिया है इसने स्वयं को। समय पूर्व की परिपक्वता ने उसे हमउम्र साथियों के चुलबुलेपन से सर्वथा पृथक कर दिया था। पुस्तकें ही साथी और पुस्तकें ही खिलौने थे उसके।

एक दिन कुछ बच्चों ने शरारत की और टिफिन के वक्त खिड़कियों के एक-दो शीशे फोड़ डाले। काँच के टुकड़े अन्दर बेंचों पर इधर-उधर बिखरे पड़े थे। मेरे बार-बार पूछने पर भी जब बच्चों ने शीशे फोड़ने वाले शरारती बच्चों के नाम न बताये तो विवश होकर मैंने विशाल से ही जानना चाहा। वह चुप रहा। दुबारा पूछने पर रो पड़ा। "मुझसे मत पूछिए मैडम, मत पूछिए ..." वह जानता था—शरारती बच्चे उसे कभी नहीं बख्शेंगे।

वार्षिक परीक्षा में वह प्रथम आया था। मुझे अत्यन्त प्रसन्नता

हुई थी। विद्यालय में एक उदाहरण पेश किया था उसने। पारितोषिक-वितरण-समारोह में मैंने उसे अपनी ओर से भी एक विशेष पुरस्कार दिया था।

अगले वर्ष वह छठे वर्ग में था और मैं अप्रयास इसी वर्ग की वर्गशिक्षिका बनी। इस होनहार बच्चे के लिए कुछ करने की हार्दिक इच्छा होती थी। विशाल के अभिभावक से अक्सर मैं उसके पैरों के ऑपरेशन द्वारा अच्छे हो जाने की सम्भावना की चर्चा करती। लेकिन यह स्पष्ट होते देर न लगी कि उनकी आर्थिक विपन्नता ऑपरेशन के रास्ते में एक बड़ी बाधा थी। इस बड़े ऑपरेशन पर खर्च हजारों में होना था और उनके पास सैकड़े भी न थे। मुझे याद है, शिक्षकों एवं बच्चों ने उसके ऑपरेशन के लिए आगे बढ़कर पर्याप्त मदद की थी। ऐसे होनहार बालक के लिए कुछ करना सब को सन्तोष लगता था। इसके दो-ढाई महीने बाद कहीं वह विद्यालय आ सका था। ऑपरेशन सफल रहा था और अब वह बैशाखियों के सहारे चल लेता था। इस वर्ग में वह फिर प्रथम आया था। एक लम्बी अनुपस्थिति के बावजूद उसका प्रथम आना निश्चय ही एक उपलब्धि थी। हमें फिर खुशी हुई थी। इसके कुछ ही महीनों बाद अपनी आर्थिक विपन्नता से जूझता उसका परिवार, लाचार किसी अन्य शहर में जा बसा था। और फिर-समय बीतता-बहता रहा, मुझे आगे उसकी कोई खबर न मिल सकी। यद्यपि स्मृति बनी रही और उसके प्रति सद्भावनाएँ भी। आज इन बच्चों को देखकर वह मुझे बार-बार याद हो आया था। कहाँ होगा वह, कौन जाने।

परिचारिका ने बताया कि यहाँ के विशेषज्ञ, डॉ. दत्त ने दो-तीन वर्ष पूर्व अपने अथक प्रयत्नों द्वारा इस 'विकलांग-चिकित्सालय' की नींव डाली। उनकी इस सदाशयता का समर्थन सबने किया और सहयोग भी दिया। उसने बताया, कुछ वर्ष विदेश रहकर लौट डा. दत्त ने जितने भी विकलांग बच्चों के ऑपरेशन किये लगभग सभी सफल रहे। गरीबों-असहायों के प्रति उनका विशेष सहानुभूतिपरक रुख है। ऐसे सहृदय चिकित्सक से मिलने की इच्छा हुई। देखा, लगभग तीस-बत्तीस की उम्र के, छरहरे शरीर, साँवले रंग, चौड़ी ललाट वाले डॉ. दत्त, मेरी कल्पना से सर्वथा भिन्न-निहायत सरल तरीके से सबों से बातचीत करते मेरी ओर मुड़े तो दृष्टि मिलते

ही नम्रतापूर्वक अभिवादन करते हुए बोल पड़े–''मैडम आप! मुझे पहचाना नहीं शायद! अन्दर आइये।'' मैं सोच ही रही थी कि बोल पड़े–''मैं विशाल हूँ मैडम ...आपने पढ़ाया था मुझे... एक नया जीवन मिला था मेरे पैरों के ऑपरेशन के लिए।''

''तुम विशाल ...'' और मस्तिष्क में बड़ी तेजी से वे सारी स्मृतियाँ कौंध गयीं जिन्हें प्रायः विस्मृत कर चुकी थी। स्तब्ध-सी उसे देख रही थी। आश्चर्य-मिश्रित प्रसन्नता से भर नजर देखा–कैसा सुदर्शन, कितना शालीन! चमकती आँखों का तेज बिल्कुल वैसा ही, जैसा वर्षों पहले था। हम अन्दर बैठ गये थे। मेरे मुँह से निकला–''विशाल, मेरे पास शब्द नहीं कि खुशी व्यक्त कर सकूँ। तुमने तो वह कर दिखाया है जिसका कभी मैंने स्वप्न देखा था। कितने असहाय, मासूम बच्चों को उनके पैरों पर खड़ा किया है–उनकी दुआएँ भी हैं। बेटे, तुम आज वहाँ पहुँच गये, जहाँ पहुँचकर मानव इस पृथ्वी को निस्सन्देह स्वर्ग में परिणत कर सकता है। वास्तव में 'विशाल' बनकर ही दिखाया है तुमने।''

''नहीं मैडम, मैं कुछ नहीं। इन सब के पीछे आप हैं। मैं यह कभी नहीं भूल सका। आपने कहा था–'बेटे, तुम बहुत कुछ कर सकते हो–करोगे वह सब, जो पैरों वाले भी नहीं कर सकते। तुम में लगन है। खूब पढ़ो।' और आपके आशीर्वाद से, मैंने लगातार स्कॉलरशिप लेकर अध्ययन समाप्त किया है। विदेश में भी ये शब्द मुझे निरन्तर आगे बढ़ाते रहे। मैं आपसे मिलना चाहता था मैडम। कोशिश भी की थी लेकिन पता न लगा सका। आज मुझे अपना परिश्रम सार्थक लग रहा है। आज आप मेरे घर आमन्त्रित हैं। मेरे परिवार से मिलकर खुश होंगी आप।'' और अब मुझे वह विशाल दीख रहा था जो लगातार सामने की बेंच पर बैठा पुस्तकें उलटता-पलटता रहता था। वह कह रहा था–''मैडम मुझे आशीष दें कि अपने लक्ष्य तक पहुँच सकूँ। देश में हजारों विकलांग बच्चे हैं–जैसा मैं था–उन्हें दिशा दे सकूँ और आपके उपकारों का इस रूप में किंचित प्रतिदान दे सकूँ।''

मैं सिर्फ अपना काँपता हाथ उसके सिर पर रख सकी। शब्द एक भी न बोल पायी। लगा, हमारी संवेदनाएँ मूर्तरूप में एकाकार हो गयी हों।

मैं फिर आऊँगी

मैंने सिर उठाया तो सामने बलविन्दर खड़ा था—बलविन्दर सिंह मेरा प्रिय विद्यार्थी, वर्ग का, विद्यालय का मेधावी छात्र है, हर काम में आगे, हर बात में अव्वल। मैं अभी-अभी अपनी नौवीं कक्षा में छात्रों को उनके वार्षिक प्रगति-पत्र वितरित कर, किसी को हँसा, किसी को रुला, कुछ विचलित मनःस्थिति में आकर स्टाफ-रूम के एकान्त में बैठी ही थी कि एक क्षीण-सा स्वर कानों में पड़ा—"मैडम!" सामने विन्दर खड़ा था।

"क्या है विन्दर?" प्यार से मैं वर्ग के बाहर उसे विन्दर ही कहती थी। वैसे भी हमारी पारिवारिक जान-पहचान थी। गत छह-सात वर्षों से—जब से इस विद्यालय में मैंने इसे देखा, पढ़ाया था, इसका प्रथम स्थान ध्रुव तारे-सा अटल रहा—क्या अध्ययन, क्या खेलकूद, वार्षिक खेलकूद प्रतियोगिताओं में पुरस्कारों से लदा-फँदा लौटता तो उसके साथी 'मिल्खा सिंह ज़िन्दाबाद' के उदार नारों से राह गुंजित

किये चलते।

पन्द्रह अगस्त, छब्बीस जनवरी के दिन, विद्यालय परिसर की परेड में, जब वह अपने पुष्ट हाथों–बाँहों से लहराते तिरंगे का वजनी दंड साधे, सीना ताने सन्तुलित, अनुशासित कदमों से साथियों की अगुवाई करता चलता तो बस दूसरा भगत सिंह ही लगता। अभी चार माह पूर्व ही तो स्वतन्त्रता दिवस की सन्ध्या पर बच्चों ने शहीद भगत सिंह पर नाटक खेला था–बड़ा जानदार, और उतना ही रोमांचक, क्या खूब जँचा था विंदा भगत सिंह के चोले में, खूब तालियाँ मिलीं, खूब शाबाशी।

विन्दर मेरे सामने खड़ा था–नतमस्तक, मलिनमुख, हर बार की तरह इस बार भी प्रथम आया था। आगामी वर्ष उसे बोर्ड परीक्षा में बैठना है। हर साल की तरह रिजल्ट के पश्चात् दिसम्बर की छुट्टियों में वह–वे सब–घर जा रहे हैं, अपने गाँव, पर इस बार उसके पापा साथ नहीं हैं। हाल के अमानुषिक कांड में दंगाइयों ने शाम घर लौटते हुए उन्हें राह में ही खत्म कर दिया था। परिवार पर कहर टूट पड़ा था। महीने बाद बच्चों के सालाना इम्तिहान थे, सो तब तक के लिए वे रुक गये थे। घर का बड़ा लड़का बलविन्दर महीने भर में सूख कर आधा रह गया था। आज परिणाम घोषित हुआ था। वह फिर अव्वल आया था, नींव पुख्ता थी। माँ–प्रीत कौर, जाट परिवार की अनपढ़ लड़की–विलक्षण सूझ–समझ वाली महत्वाकांक्षिणी महिला थीं। अकसर अपने बच्चों की बेहतरी के लिए, पूछताछ को मेरे पास आती रहतीं।

"हम... हम परसों जा रहे हैं मैडम।"

"कहाँ?" जैसे मुझे कुछ भी पता न हो, यों पूछा मैंने।

"अपने घर मैडम..."

"पंजाब...!"

"जी हाँ।" सुन कर एक बगूला-सा उठा अन्दर। उसे यों सिर झुकाये खड़े देखना असह्य हो रहा था। जी चाहा, कहूँ, मत जाओ विन्दर। अगले वर्ष बोर्ड परीक्षा देनी है तुम्हें। हमेशा की तरह अव्वल आना है। पर–पर जीभ जैसे तालू से जा सटी थी। आँखें असहाय-सी चुपचाप उसे देखती रहीं। जीवन्तता और आत्मविश्वास से छलकती उसकी दृष्टि आज सीधी नहीं देख पा रही थी।

"मम्मी ने कहा था, आप से कह दूँ।" उसने थोड़ी देर मेरे उत्तर की प्रतीक्षा की, फिर मुड़ चला।

ठीक एक वर्ष पूर्व, इन्हीं दिनों, दिसम्बर में सालाना रिजल्ट ले कर प्रीत और बाल-बच्चों सहित अपने गाँव, पंजाब चलीं तो भ्रमणप्रिय मेरा मन ललक उठा। कुछ दूर-निकट के भूले-पुराने रिश्तेदारों के पते मैंने बुजुर्गों से पूछ-पाछ कर कहीं डायरी में नोट कर छोड़े थे जो जालन्धर से ले कर पठानकोट, जम्मू तक बिखरे-बसे थे, 'विभाजन' के बाद। माला से छिटका एक अकेला 'मनका'–हमारा परिवार, विभाजन के एक दशक पूर्व ही निजी व्यवसाय को ले कर पूर्वी गंगा किनारे आ बसा था। हम भाई-बहनों ने गंगा तट पर ही आँखें खोली थीं और यहीं पले-बढ़े। पंजाब को देखा-जाना, दादा-दादी के शब्दों, बयानों और लोक-कथाओं के जरिये ही, जो विभाजन के बाद रावी तट से उखड़ कर पीढ़ियों पुरानी धरती और पुश्तैनी दरो-दीवार छोड़, बेटे के पास गंगा तट पर आ लगे थे।

यों तो ब्रह्मवेला में उठ बैठने से ले कर रात सोने जाने तक आदतन, दादी किसी न किसी काम में अपने-आपको व्यस्त रखतीं, पर अचेतन में समायी पिछली दहशत और व्यथा-कथाएँ उनके सशक्त तन-बदन पर शीघ्र ही उतर आयी थीं, छिन चुका घर-गाँव उनके शब्द-शब्द, स्वर-साँस में झाँकता रहता। छिन चुकी हवा-मिट्टी उनके रोम-रोम में धड़कने लगती। हम बच्चे उनके उस परी-देश की गाथाएँ सुनते जाने तक दरिया रावी में उनके साथ-साथ डूबते-उतराते रहते। पीली सरसों की पैलियों (क्यारियों) और तैयार गन्ने की कमादों (खड़ी फसल) में विचरण करते रहते।

बढ़ती उम्र के साथ-साथ बुजुर्गों द्वारा दिखाये विभाजन पूर्व के मोहक चित्र, दिनोंदिन अधिक सुस्पष्ट होते गये थे।

"हमारा पिंड (गाँव) गुरदासपुर के पास है–लाग्गे (निकट) व्यास। फसल खूब होती है जी। जमीन खूब अच्छी है। फिर पाणी की कोई कमी नहीं हैं। पम्प लग गये न अब तो, पम्प वो गिड़ते-बहते कुओं की बात जो आप बताती हो न मैडम जी, वो तो पुरानी, आपकी बेबे जी के ज़माने की बातें हैं। अब तो सुबह-सवेरे पम्प चालू कर दो तो दोपहर तक एकड़ों धरती तर-बतर तृप्त। बिजली आ गयी न घर-घर।" उस बार चलने के पूर्व प्रीत कौर बता रही थीं। "आप चलो तो सही हमारे साथ। एक-एक चीज दिखायें आपको।" पुलक छलका पड़ रहा था उनके स्वर में।

मेरी दादी ने बताया था—"खेतों को सींचते गिड़ते (चलते) रहँटों की घूमर-घूँ, घमर-घूँ की मीठी लय संग हम लड़कियाँ जब वारिस शाह की हीर अलापतीं—सुन-सुन कर गन्ने, कमादों के तेज-तेज कद निकलते।"... "आज रसायन युग है बेबे जी—रासायनिक खाद का", दादी आज सामने होतीं तो मैं कहती। हीर गाते-गाते दादी का स्वर धीमा पड़ने लगा। दुर्बल, क्षीण—और हम बच्चे उन्हें झकझोरने लगते, "बेबे... बेबे जी, सुनाओ न, पूरा सुनाओ।"

"पूरा?" दादी चौंकती—"पूरा नहीं आता... पूरा नहीं न हुआ। अधूरी कहानी है यह बच्चे!" दादी रो पड़तीं। हम बच्चे अलग हट जाते। धीरे-धीरे दादी ने हीर गाना और मने सुनना, बन्द कर दिया था। हमें बातें समझ आने लगी थीं, पर यों, वे दादा-दादी ज्यादा दिन कायम न रह सके—ज्यों पहाड़ों का सख्त दरख्त देवदार मैदानी नाजुक पोली माटी-पानी में कायम न रह सके। पाँच-सात सालों के अन्दर ही वे रब्ब को प्यारे हो गये। पीछे रह गया उनका पावन, सुगंधित पूजागृह। उनके हाथों स्थापित-ध्यायित गुरुग्रन्थ साहिब, श्रीरामचरित मानस और श्रीमद्‌भगवत् गीता के गोटेदार, लाल-चमकीले साटनों मढ़े गुटके और वहाँ बैठ कर ध्यान-पाठ करने की विशेष पीढ़ियाँ और आसनियाँ। दादी का प्रभात सुखमणी साहब से प्रारम्भ होता और सन्ध्या 'ओम जय जगदीश हरे' की आरती से सम्पन्न। आर्यसमाजी परिवार की मेरी माँ ने दादी के बाद पूजागृह में बैठ इन धार्मिक ग्रन्थों का नियमित पाठ जारी रखा था।

प्रीत कौर ने मुझे आश्वस्त किया और मैंने प्रोग्राम बना लिया था उनके साथ। दिसम्बर का आखिरी सप्ताह, कड़ाके की ठंड, ऊपर से रिमझिम बारिश जाड़ों की—साथ कुहरा और पाला। ऐसी ही शाम हमारी गाड़ी गुरदासपुर स्टेशन आ लगी। मुझे कँपकँपी छूट गयी स्टेशन से बाहर आते-आते। प्रीत कौर हँस पड़ीं—"अभी आपने हमारी खेत-पैलियाँ देखी हैं मैडम जी! ठंड-पाले से डरोगो तो कैसे देखोगे! बहारें तो जी, खाने-पीने की जाड़ों में ही हैं। किसम-किसम की सब्जियाँ—दूध, लस्सी, मक्खन, सरसों का सागर और मक्की की रोटी। दिल नहीं करेगा जी आपका वापस जाने को।" मैं वजनी शॉल से सिर-मुँह ढकती उनकी उल्लसित बातें सुनती सुखद पुलक से भरती जा रही थी। देखने वाले को जितना चाव—दिखाने वाले को उससे कहीं अधिक।

"भला घर कितनी दूर है स्टेशन से?" मैंने पूछा।

"अभी घर कहाँ जी। अभी बस या तांगे पे छह-सात किलोमीटर पश्चिम को जायेंगे, फिर चौड़ी सड़क छोड़ अन्दर को खेतोंवाली पतली पगडंडी से एक-डेढ़ किलोमीटर पे हमारा पिंड बसा है जी। घर पहुँचते-पहुँचते सात, साढ़े सात तो बज ही जायेंगे।" वे फिर हँस पड़ीं। "आपको तकलीफ तो लगेगी जी–हमें तो आदत है–पर कोई बात नहीं, हमने सारे इन्तजाम कर रखे हैं सयाली दिहाड़ियों (ठंडे दिनों) के। रजाइयाँ, जलावन, खाने-पीने की–और... मेरी सास और देवरानियाँ छोड़ेंगे नहीं आपको। उन्हें तो कोई जग-दुनिया की बातें-खबरें सुनाने वाला चाहिए, पाले-सयाले में वैसे ही पंजसेरी रजाइयाँ लपेट, सामने काँगड़ी रख गप्पों, आख्यानों में बड़ा दिल लगता है।" मुझे दादी की सलेटी, पश्मीने की बड़ी चादर–जिसके अन्दर वे हमें छिपा कर बिठा लिया करती थीं–और चमकीले कच्चे रेशम के मोटे धागों से घनी कढ़ीं, लाल, पीला, लाखी, विशेष सुगन्ध देतीं फुलकारियाँ याद हो आयीं। दादी ने स्वयं चरखा कात, धागे रंग, कपड़ा बुनवाया और ऐसी ही ठंडी सयाली रातों में काँगड़ी के निकट बैठ फुलकारी के बेल-बूटे काढ़े थे, रावी-तट के अपने पिंड में।

गुरदासपुर में पठानकोट जाती बस स्टेशन के बाहर तैयार खड़ी थी। बर्फीली हवा-बौछार को चीरते अपने छोटे सामान अदद हाथों में साधे हमने फटाफट जगह बनायी। सातेक किलोमीटर की तो बात थी। ठिठुरे-सिकुड़े यात्री, कम्बलों-मफलरों से ढके-तुपे, अलसाये, मौसम का आनन्द लेते, सुखी नजर आ रहे थे। ड्राइवर स्वयं भारी ओवरकोट में लुका-छिपा दस्तानेवाली हथेलियाँ स्टीयरिंग पर साधे तंद्रिल-सा गाड़ी चला रहा था। खिड़कियों के सारे शीशे गिरे थे। सूर्यास्त इधर अपेक्षाकृत विलम्ब से होने के बावजूद, घने बादलों के कारण साँझ शीघ्र ही उतर आयी थी। दूर-दूर फैले खेतों के बीच गेहूँ के नन्हे सुकुमार पौधे खड़े ठिठुर रहे थे। बीच-बीच कहीं कोई झोंपड़ीनुमा अकेला घर दिख जाता तो उसके अन्दर बैठे प्राणियों की कल्पना मुझे सहला-सहला जाती। मुख्य सड़क पर बस छोड़ हमने उनके गाँव को जाती पगडंडी पकड़ी तो शाम गहरा आयी थी। इस पतली कच्ची सड़क किनारे बबूल की झाड़ियों तले निकलते हमने जो राह पकड़ी, वह इस विराम लयबद्ध रिमझिम में, इनसानों और मवेशियों के आवागमन से, टखने धँसने

योग्य कीचड़ तैयार कर चुकी थी।

प्रीत कौर मुझे बातों में उलझाये थीं, "मेरा छोटा देवर है न रनबीर, मैडम जी, बड़ा बाँका, दिलेर, जैसा नाम वैसी शकल। कहीं जरूरी काम से बाहर गया होगा शहर-वहर। खाद-बीज, पम्प-ट्रैक्टर के कल-पुर्जे लाने, ठीक कराने, सारा कुछ उस बच्चे-से के जिम्मे, अठारह-उन्नीस का तो है अभी, पर सूझ-समझ गहरी जी। ब्याह कर दिया है हमने। अभी तीन महीने ही तो हुए हैं। तब हम आये थे न सभी। विन्दर के पापा भी। यह दूसरा फेरा है इस साल, इतनी जल्दी। हमारा तो जी पंजाब फेरों में भी बड़ा खर्च हो जाता है न। अब शादी-ब्याह गमी-खुशी भी भुगताने हुए न जी। हजारों कोसों से आओ और हफ्ते भर में लौट पड़ो। पर करें क्या? बच्चों की पढ़ाइयाँ खराब होती हैं फिर। अब इन बच्चों ने तो मैडम जी, खेती-वेती करनी नहीं। शहर जो रह गये शुरू से।"

"पर पढ़-लिख कर समझदारी आ जाये तो खेती का काम ज्यादा अच्छा होता है प्रीत जी," मैंने बताया।

"पक्की बात है, पर इनका दिल कहाँ लगता है गाँव में, शहर में जवान हो जाने के बाद।" वे हँस पड़ीं।

"अब मुझे ही देखो जी—अपने गाँव-घर जाना है, पिंड जाना है। महीनों पहले से खुशियों पर खुशियाँ। और आ कर? पन्द्रह दिनों में वापसी का दिल करने लगे। होता ये है जी कि हम शहरिये हो चुके—अरामतलबअ। अब चल कर मेरी देवरानियों को देखना—कितना करती हैं काम। जुम्मा-जुम्मा आठ रोज हुए छोटी को आये अभी। सारा काज सँभाल लिया है आते-आते। बेबे की पत्री आयी थी। खूब काम-काजवाली निकली है यह लड़की। मजबूत हाथ-पैरावोंली। आते-आते सारा सँभाल लिया है। दूध-मक्खन, रसोई, मवेशी, उपले—कोई एक काम है हम जाटों के घर। अभी चल कर देखना अपनी आँखों। सुबह अँधेरे मक्खन-मथानी सँभालने से ले कर रात रजाइयों में घुसे एक-एक जने के हाथ, मेरे दूध के गिलास पकड़ाने तक, मशीन-सी लगे रहना पड़ता है जी नयी बहूटियों को। वरना बदनाम हो जायें, पैर ही न जमा पायें नये घर में। मैंने खुद निभाया है ऐसा मैडम जी। यह तो विन्दर के पापा को बाहर की नौकरी का शौक था। कुछ पढ़ाई-लिखाई भी कर ली थी। सो नौकरी लग

गयी बाहर और दूर हो गये इन सबसे। अब इसे चाहे अच्छा कह लो, चाहे बुरा। शहर में बच्चे अच्छा पढ़-लिख रहे हैं, पर अपनों से दूर भी तो हो गये हैं। अपनी मिट्टी, अपने घर से पराये-पराये।''

अब हम एक ऐसे खेत को लाँघ रहे थे जहाँ कुछ बोया जाना था या फिर एक-दो दिनों पूर्व ही बोया गया था। पोली, तैयार मिट्टी में हमारे पैर बालिश्त-बालिश्त धँसे जा रहे थे।

दौड़ते-भागते बच्चे जाने कब घर पहुँच गये थे और अब हाथ में तेज रोशनीवाली लम्बा टॉर्च लिये विन्दर हमें राह दिखाने आ गया था।

पहुँच कर देखा, बाहर पूरा कुनबा खड़ा था–दादा-दादी, दोनों छोटी बहुएँ और उनके बच्चे, दोनों देवर शहर गये थे, खाद, बीज लाने।

विन्दर के दादा–छह फुटी सीधी, कसी हुई कद-काठी, उम्र सत्तर से कम नहीं। चिट्टी झक सफेद दाढ़ी, पर झुरियायी धँसी आँखों में अनोखी चमक। दादी दरमियाने कद, भारी बदन, धीमी और मीठी आवाजवाली। यथायोग्य अभिवादनों के आदान-प्रदान के बाद हमें अन्दर लिवा चले चलीं, ''आओ जी, आओ, अन्दर आ जाओ सब। बड़ी ठंड है, ऊपर से भीगते आये हो। पाणी गरम ला राणिये, हाथ-मुँह धुला और चाय भी ला गरमोगरम।''

हाथ-पाँव धो कर आयी तो देखा, भाप छोड़ते दूध और चाय के गिलास और प्यालियाँ तैयार थीं। वे बोलीं, ''बिस्तर में बैठो जी, बिस्तर में रजाई लपेट कर। हाँ, अपनी तबीयत ठीक-ठाक रखना। सफर में निकले हो भई। उधर आपके इलाके में नहीं पड़ती इतनी सर्दी। मैं गयी थी जी एक बार सर्दियों में उधर। तब विन्दर छोटा-सा था और मित्ते गोद में। दूर बहुत है जी। अब इन्हीं ही घर बुला लेते हैं–मिल-मिला जाते हैं। अब तो ऐसी सर्दी में मेरे गोड्डे (घुटने) भी जवाब देने लगे हैं। उठना-बैठना मुश्किल हो जाता है जी। जोड़ों में दर्द बैठ गयी है–आप पियें जी चाय। बातें तो अब होती रहेंगी,'' मुझे सौंफ-इलायची वाली चाय का प्याला पकड़ाती विन्दर की दादी बोलीं।

छोटी-नयी बहू, कभी चाय, दूध के गिलास, कभी मठरियाँ और उड़द-दाल की खालिस घी-मेवे वाली पिन्नियों की प्लेटें लिये आ-जा रही थी। लाल, चमकीली, घनी कढ़ी फुलकारी से ढका सिर-बदन, बड़ों को सम्मान देता नन्हा-सा घूँघट और बाहर से झाँकती तीखी सुन्दर-सी नासिका; चेहरे का छुपा सौन्दर्य उजागर करती-सी।

भर-भर कलाई चूड़ा सँभाले। गहरे-कपड़ों के बोझ से नावाकिफ, चुस्त-दुरुस्त, अभ्यस्त हाथ और भंगिमाएँ।

मैं बस मोहित-सी निहारती रही।

भीगे, ठंड खाये, थके-टूटे, हम खा-पी कर पंजसेरी रजाइयों तले दुबके कि नींद आ गयी।

सुबह बाहर निकले तो देखा-हीरों-सी चमकती, लिशकती, ओस की बूँदनियाँ समेटे, गेहूँ के नन्हे-नन्हे पौधों को स्वच्छ शीशे-सी सूर्य किरणें चूम रही थीं, अद्‌भुत आकर्षक दृश्य था। देर तक खड़ी तन-मन जुड़ाती रही। प्रीत कौर ने टोका, "इतने ध्यान से क्या देख रहे हो मैडम जी? अभी तो दिखायेंगे, घुमायेंगे जी आपको अपने पिंड (गाँव) के बाहर भी। नहरें हैं-बड़े-बड़े बाग हैं फलों के। खेत-कमाद तो आसपास ही देख रहे हो आप। गाँव में तो बस यही कुछ होगा जी। शहरवाली रौनकें तो शहरों में ही।" वे हँसीं।

खेतों के बीच यह मकान गाँव से कुछ अलग-थलग-सा खड़ा था। तीन कमरे और एक बड़ा, खुला-खुला-सा रसोईघर, कि छह-आठ व्यक्ति लकड़ी-उपलों वाले बड़े-से चूल्हे के इर्द-गिर्द बैठ कर गुनगुने वातावरण में खाना खा सकें, दो बड़े कमरे ऊपर अनाज रखने के। मिट्‌टी की मोटी-मोटी दीवारें और वजनी मोटी-मजबूत शहतीरों पर मजबूती से टिकायी गयी मिट्‌टी की ही छतें। खिड़कियाँ तनिक छोटी और कुछ ऊँचाई पर।

"अब हम जल्दी ही दूसरा पक्का मकान बनवा लेंगे जी। यह तो मेरे ससुर के हाथों बनवाया गया था। छोटे, रनबीर के ब्याह का ही इन्तजार था। वह हो गया। अब मकान को जल्दी ही हाथ लगाना है जी," विन्दर की दादी मुझे बताने लगीं, "अब तो नये डिजैन के शहरियों जैसे मकान बनने लगे हैं जी गाँवों में भी।"

"पर, तब तो वह शहर से खरीद कर लाया गया बनावटी-सा घर लगने लगेगा। इस गाँव वाले मिट्‌टी के घर की तो आब-ताब ही अपनी है माँ जी।" वे मेरी ओर अनबुझी निगाहों से देखने लगी थीं। विन्दर की मम्मी ने धीमे से मुस्करा कर मेरी ओर देखा और सामने सरसों की क्यारी में उतर पड़ीं, साग बीनने।

"आज आपको सरसों का साग खिलाते हैं जी, मक्की की रोटी के साथ, घर का ताजा मक्खन डाल के। याद करोगे जी आप।"

मैंने देखा, प्रीत कौर शलवार के पाहुँचे दो-दो बालिश्त ऊपर उठाये, लगभग घुटनों तक बर्फीले पानी में झुकी खड़ी बड़े इत्मीनान से सरसों के कोमल-कोमल पत्ते तोड़ हाथ की छोटी टोकरी में रखे जा रही थीं। जी चाहा, मैं भी उतर पड़ूँ तोड़ने, पर उन्होंने दृढ़ स्वर में मना किया, "ना जी, ना। हमें तो आदत है। आप ना पैर रखो इस बर्फ में। कहीं ठंड-वंड लग जाये। सफर पे निकले हो अभी।" सबने बात-बात में मेरा कितना ध्यान रखा—कितनी सरलता और शुद्धता से। सेवा-सत्कार, आतिथ्य का यह आनन्द मैंने पहली बार जाना था।

"बैठो बहू" रात दस बजे, रजाइयों में बैठे बतकही में मस्त हम महिलाओं के हाथ मलाई डले दूध के गिलास थमाने आयी छोटी बहू से आग्रहपूर्वक मैंने कहा, तो मेरा मान रखने को क्षण भर मुस्काती बैठी रही। फिर उठ गयी।

"इसे अपने काम निबटाने दो मैडम जी!" सास हँस पड़ी थीं, "बहुएँ गप्पों में नहीं पड़ा करतीं।" मैं उसका जाना निहारती रही।

विन्दर की दादी मुझे विस्तार से बता रही थीं—फसलों की बातें, बीजों, पौधों, सिंचाई और कटनी की बातें, ढोर-डंगरों, मक्खन, लस्सी की बातें और जाटों के जिगरे और दिलेरियों की बातें, मुझे बार-बार अपनी दादी दिखलाई पड़ रही थीं। अलस्सुबह भर-भर कलाई चूड़ा खनकाती छोटी बहू को पीढ़ी पर बैठे घमर-घूँ, घमर-घूँ बिलोते देखना मुझे तृप्त कर गया था। बड़े से कठौत में किलो-डेढ़ किलो स्वच्छ सफेद मक्खन निकाल-सँभाल, उस मासूम फूल-सी बहू ने जब काले पहाड़-सी विशाल भैंस के नीचे बैठ बड़े आत्मविश्वास के साथ दूध दुहना प्रारम्भ किया तो रोमांचित-सी मैं चुपचाप देखती रही थी उस पंचनंद की बेटी को। मिनटों में बाल्टी भर दूध निकाल मीठी मुस्कान से मेरी ओर कनखियाती वह रसोई में जा घुसी थी।

चार दिन मानो पलक झपकते बीत गये थे। पाँचवें दिन सुबह से ही वापसी की तैयारी प्रारम्भ हुई। संयोग से एक परिवार दिल्ली जा रहा था गाँव का। उनका साथ भी प्राप्त हो रहा था। मैंने चलने की इजाज़त माँगी तो विन्दर के दादा-दादी दोनों बोल उठे, "अभी तो आपकी छुट्टियाँ बाकी हैं न, मैडम जी। दो-चार दिन और रह जाओ इधर। सब जने साथ ही लौटना। इतनी दूर भला कहाँ आया जाता है जी बार-बार। अब आये हो तो..." उनकी निश्छल मनुहार

अन्तर भिगो-भिगो गयी। न कोई दिखावा, न औपचारिकता–बस सरल नेह। चलने के पूर्व बेटी-विदाई का सरंजाम होता देख मैं आत्मग्लानि से भर उठी। कष्ट ही दिया मैंने इन्हें। ऐसा आतिथ्य, ऐसी आत्मीयता भला कहाँ लौटा पाऊँगी मैं।

अपने खेतों के अव्वल नम्बर वाले बासमती चावल और मूँगफली दानों का थैला, घर के खालिस घी और उड़द दाल की पिन्नियों-मठरियों वाले छोटे टिन-साड़ी और शगुन के रुपये। ''सत्त नाम सिरिवाय गुरु,'' मैं उन्हीं के लहजे में हँसती बोल पड़ी, ''बस इतना ई माल-मत्ता जी! कुछ और भी रह गया हो तो...''

''जितना मर्जी लो जी, वाहेगुरु का दिया बहुतेरा है जी बच्चों के लिए।'' सास और बहुएँ मेरा मजाक बूझते हुए गद्‌गद हो उठीं।

गाँव से बाहर को जाती उन्हीं सर्पीली पगडंडियों से खरामा-खरामा बढ़ते हुए सभी जने बबूल के झुरमुटों पार की मुख्य सड़कवाले इस स्टॉप पर आ खड़े हुए थे। मेरी निगाहें मुड़-मुड़ कर पीछे जाने क्या देख लेती थीं बार-बार।

बस हिली तो खिड़की से हाथ हिलाते देखा–बबूल तले से देखतीं, प्रकाश फेंकती-सी कई जोड़ी संवेदनशील आँखें, जैसे साथ-साथ चली आ रही हैं।

पखवाड़े भर बाद प्रीत कौर भी अपने बच्चों के साथ लौट आयी थीं, मुझसे मिलने आयीं तो बताया, ''माँ जी ने अगले साल इन्हीं छुट्टियों में आपको फिर बुलाया है। बार-बार कहलाया है, जरूर-पर-जरूर आना–ज्यादा दिनों के लिए।''

एक वर्ष बीत गया है। सर्दी की छुट्टियाँ फिर आयी हैं। अपनी विधवा माँ और भाई-बहन को ले कर, यहाँ से उड़ विन्दर अपने गाँव जा रहा है।

उन्हें विदा देती स्टेशन पर खड़ी हूँ। सारा सामान रखा जा चुका है। गाड़ी चलनेवाली है–प्रीत कौर ने हाथ जोड़े हैं–विन्दर मेरे पैरों पर झुकता है। ''दादी से कहना विन्दर, मैं आऊँगी, जल्दी ही आऊँगी...'' आगे बात नहीं सूझती। गला रुँध आता है। गाड़ी खिसकती है। नीचे उतर, खिड़की से प्रीत कौर का हाथ पकड़, छलछलाते आँसुओं को बहने से रोक, मैं दोहरा उठती हूँ। ''आपके पास आऊँगी प्रीत जी–मैं फिर आऊँगी।''

प्रस्ताव

घुमा-फिरा कर एक ही बात रास्ते भर घुमड़ती रही थी शीला के मन में–चौबीस वर्षों बाद मोना उसे पहचान भी पायेगी! क्या-क्या नहीं बदल गया इस बीच। नश्वर संसार में तो चौबीस पहर ही बहुत होते हैं कुछ का कुछ कर देने को। ये तो लम्बे-लम्बे चौबीस वर्ष हुए। और मान लो झटपट पहचान भी ले तब भी बरसों से महानगरीय सभ्यता संस्कृति में डूबी मोना कहाँ तक ठीक से मिल पायेगी उससे। किशोरावस्था की उस घनी तरल आत्मीयता का कितना सा तो अंश शेष बच रहा होगा उसके अन्दर–कौन जाने। यह संयोग ही तो है कि वर्षों दिन-रात साथ रहने वाली सगी चचेरी बहनें आज लगभग ढाई दशाब्दी बाद मिलने जा रही हैं। बहने कहाँ थीं ये–खालिस सहेलियाँ थीं-बस, बातें ही बातें–सखी-सहेलियों वाली, कभी न खत्म होने वाली बातें। माँ-ताई और दादी की वजनी फटकारों के बीच भी छुप-छुप कर चालू रहने वाली कथाएँ–सुनहली,

इन्द्रधनुषी। स्कूल के रास्ते भी–और छत के छाँहदार सीमित टुकड़ों के बीच झुक कर भी। पिछवाड़े बगीची वाले चम्पा के लुभावने छतनार पत्तों में भी–और गर्मियों की चाँदनी रात में छत पर बिछे बिछावन पर लेटे, बैठे, घंटों–बेहद दिलचस्प बातें दुनिया-जहान को भुलातीं। आह–कैसे मधुर दिन थे वे, कितने सुखद–कैसे भरे-भरे।

मोना साल भर बड़ी थी–शीला साल भर छोटी। पर ब्याह शीला का पहले रच गया। लड़के वाले देखने तो मोना को आये थे पर पसन्द शीला को कर गये। शीला, सौन्दर्य में मोना से इक्कीस पड़ती थी। बस हो गया फैसला। उन्होंने साफ-साफ कहला भेजा–जी, हमें तो शीला का रिश्ता चाहिए। दादी तब सही–सलामत थीं और सारे घर की रसोई थी इकट्ठी। दादी ने अपने समस्त दमखम के साथ अच्छा बावेला मचाया था–'अरे नादानो! ऐसा भी कहीं होता है–बड़ी के रहते छोटी पहले डोली में बैठे। देखो तो सही–कैसी मति मारी गयी है इन लड़कों की। अपने ही मन की किये जाते हैं। बड़े-बूढ़ों की न सुनते हैं, न समझते।' दरअसल घर-वर था अच्छा। सो बेटों ने अवसर चूकना मूर्खता समझ एक को निबटा देने की फुर्ती दिखायी–और यों बारात शीला की पहले द्वार लगी। शीला को याद आया–विदा के दिन रो-रो कर दोनों ने कैसे पलकें सुजा ली थीं।–अब कहाँ तो याद करेगी तू मुझे। अब तो तेरा दूल्हा और तू। मेरा तो नाम तक याद नहीं रहेगा तुझे।" घुटे गले, छलकती आँखों, बमुश्किल मुस्कायी थी मोना।

"नहीं रे–तुझे भूलूँगी मैं! दूल्हा अपनी जगह–और तू अपनी जगह। उन दिनों को भूलना इतना आसान समझ रखा है तूने!" शीला चलते-चलते भी पटर-पटर बोली थी।

"अच्छा देखूँगी, माह में कितनी चिट्ठियाँ भेजती है मुझे, मेरी चिट्ठी पढ़ेगी तक नहीं तू ध्यान से, सब जानती हूँ।"

"चिट्ठियों की बात अलग है रे! लिखने का अवसर ना भी मिले पर याद तो कभी भी कर सकते हैं न!"

"रहने दे-रहने दे। मैं ही रह जाऊँगी वहाँ याद करने को।" फिर दोनों फफक कर देर तक गले लिपटी रही थीं।

अगले साल मोना का भी रिश्ता तय हो गया। वह भी अपने घर चली गयी। फिर हुआ दादी का स्वर्गवास और दोनों भाइयों के

घर दूर होते-होते दूर ही हो गये–साथ-साथ मन भी।

गाड़ी की रफ्तार धीमी पड़ रही थी, गन्तव्य स्टेशन निकट आ रहा था।

''चिट्ठी हमारी पहुँच तो गयी होगी!''

''हाँ माँ।'' बेटा अनमना-सा कुछ सोच रहा था।

शीला को फिक्र थी–पत्र कहीं भटक न गया हो। मोना द्वारा भेजा, तीनेक वर्ष पूर्व, यह नया पता उसकी पहलौठी बिटिया की शादी के समय प्राप्त किया था शीला ने और सँभाल कर लिख रखा था।

छठे माले का वह नया फ्लैट उसे उन्हीं दिनों हासिल हुआ था और गृह-प्रवेश के तुरन्त बाद शादी निबटा दी थी। शीला ने बधाई की चिट्ठी और सगुन के रुपये भिजवा दिये थे पर इसके बाद फिर कोई चिट्ठी आयी-गयी नहीं थी। वैसे पहले भी वर्षों का अन्तराल आ पड़ा था। दरअसल शीला अपनी कस्बाई संस्कृति में मगन थी और मोना अपने महानगरीय परिवेश में। हजार किलोमीटर दूर बैठी दोनों एक-दूसरे की खबर-सूचना किसी न किसी जरिये से पा तो लेती थीं। पर पत्राचार अटक कर अब नितान्त औपचारिकता के दायरे में सिमट आया था।

महानगर के महाशोर से गुजरती शीला ने बेटे से दुबारा पूछा–या सम्भवतः अपने आप से बोलीं–घर मिलने में दिक्कत होनी तो नहीं चाहिए! मकान ही मकान, कई-कई मंजिलें, आगे-पीछे, दायें-बायें मकानों के जंगल के बीच भटक जाने के अहसास से भरा शीला का आकुल मन अस्थिर हो उठा।

''चिन्ता मत करो माँ।''

''नहीं, चिन्ता नहीं, पर तू भी तो इधर पहली बार ही आया है न।'' टूर कित्ते दिनों का है ये तेरा! चार दिनों का!''

''हाँ माँ, तीसरे दिन, रात की गाड़ी से लौट पड़ता है, चौथा दिन गाड़ी में और पाँचवें पहुँच के हाजिरी पर।'' बेटे ने पुनः पूरा स्पष्ट किया। तीन वर्षों से नौकरी ढूँढ़ते एक संजीदगी-सी आ गयी थी। उसकी बोलचाल में। नपी-तुली बात। नपे-तुले शब्द। सरकारी नौकरी मिली नहीं तो किसी प्राइवेट फर्म का 'सेल्स रिप्रेजेंटेटिव' बन गया। एक माह से अधिक नहीं हुआ था काम पकड़े–और यह था पहला टूर।

तिपहिया स्टेशन को पीछे छोड़ गति पकड़ती तेजी से भाग रही थी, "तेरे इस टूर के बहाने बचपन की बिछड़ी बहन से मेल हो जायेगा–वरना कौन आता है इत्ती दूर मिलने–मिलाने।"

"हाँ...।" बेटा जैसे बेखुदी में बोला। उसका सारा ध्यान ब्लॉक–स्ट्रीट और अंकों पर केन्द्रित था।

"ये रहा 'जी' ब्लॉक, बस इसके साथ ही आगे होगा 'एच'–भैया सीधे इसी स्ट्रीट पे बढ़ चलो–हाँ रोकना भाई–आ गया अपना तीन सौ पाँच।" बेटे ने जेब से कागज निकाल पुनः नम्बर मिलाया, बिल चुकाया, अटैची थामी और सीढ़ियों पर पाँव रखे कि बायें लिफ्ट पर नजर पड़ी।

"लिफ्ट से माँ–छठी मंजिल है न।"

"पूछ लिया किसी से!"

"यह रहा उनका नाम बोर्ड पर–कृपारंजन–छठा माला, तीन सौ पाँच।" दो जने उनके सामने ही लिफ्ट पर सवार हुए तो बेटे ने झट माँ का हाथ थाम अपने साथ लिफ्ट पर ले लिया।

"वाह।" माँ मुस्करायी। बेटे ने साथ दिया। तभी उसे स्मरण हो गया–घर पर माँ ने जिक्र किया था–मौसी के लड़कियाँ ही लड़कियाँ हैं तीन–चार। लड़का एक भी नहीं। पर सैर–सपाटे और गप्पबाजी का समय ही कहाँ मिलेगा। दिन भर तो ऑफिस का काम और घर लौटने पर टी.वी.। और इधर शीला सोच रही थी, चलने के पूर्व जिठानी ने अपने दोनों बेटों के लिए चुपके से कहा था–"जरा बहन की लड़कियों को जान–परख लेना, अपने कुन्दन और चन्दन के हिसाब से। वहाँ जा ही रही हो तो देख–जाँच लेने में हर्ज क्या है!" लिफ्ट झटके से थमी तो दोनों अपने आप में लौट आये।

घंटी बजते ही द्वार खुला और दो वयस्क लड़कियाँ–लम्बे कद, भारी, स्थूल–से शरीर, गले से पाँव तक लम्बे लबादों से ढकीं, आगे पीछे खड़ी गहरी जिज्ञासा भरी बड़ी–बड़ी आँखों से कभी आगन्तुकों और कभी साथ के सामान को देखती स्थिर खड़ी थीं–"आप!" एक का मुँह कुछ खुला।

"मम्मी हैं! मोना–मनोरमा मित्तल! मैं बहन हूँ उनकी, तुम्हारी मासी, जलेसर वाली, तुम्हें बताया होगा?"

"मम्मी तो घर पर नहीं है आंटी, आपको हमने पहचाना नहीं

आंटी'' अब तक तीसरी कन्या भी बहनों के साथ आ खड़ी हुई थी। दरवाजा लगभग ब्लॉक था तीनों से।

''मेरी, मेरी चिट्ठी नहीं मिली क्या?'' दरवाजे पर टिकाई अटैची अब हाथ में उठा ली थी। प्रवेश को उद्यत देख आगे वाली, शायद सबसे बड़ी, किंचित बायें हिली, पर प्रवेश को पूर्ण स्थान अब भी नहीं दे पायी। यह महानगरीय भय-संशय था या कुछ और, शीला की समझ में नहीं आया। बहन-बेटी को हल्के ठेलती-सी वह अन्दर आ गयी–पीछे-पीछे बड़ा बैग लिये बेटा नवीन भी।

''लेटर तो ममी को मालूम होगा आंटी। शापिंग के लिए निकली हैं अभी-अभी, लिंकिंग रोड, दो-तीन घंटे से ज्यादा ही लगेगा आंटी।''

''कोई बात नहीं।'' शीला मन ही मन हँसती अन्दर सोफे पर आ बैठी–भई वाह! खूब सभ्यता-संस्कृति गढ़ी है मोना ने अपनी गृहस्थी की। नवीन भी चुपचाप बैठ चुका था। बैग और अटैची एक ओर कोने में टिका कुछ विचित्र-सा महसूस करता, चुपके-चुपके इधर-उधर निहार रहा था। लड़कियों को कुछ पता नहीं था। माँ घर से बाहर थी। तो चिट्ठी मिली नहीं।

''बेटा-पानी तो पिला ना। गाड़ी में तो ढंग का न खाना, न पानी। और सफर ऐसा लम्बा, उफ! कभी किया नहीं इतना लम्बा। पहली बार निकली हूँ इत्ती दूर। यह तेरा भाई हिम्मत कराके ले आया मुझे, ऑफिस का टूर लगा तो बोला, मौसी से मिलते-मिलाते आये माँ। सो प्रोग्राम बन गया।'' शक्ल से ज्येष्ठ दीखती बाला अब तक पास आ बैठी थी। दूसरी पानी के गिलासों वाली ट्रे लिये आ रही थी। तीसरी शायद रसोई में थी–बर्तनों के रखने-उठाने की हलकी आवाजों के साथ। वैसे तीनों में उम्र का फर्क समझना मुश्किल था–लगभग एक-सी कद-काठी, वजन और शक्लें। सीझते-पकते गोश्त का तेज मसालेदार भभका, हवा के झोंके-सा, बैठक तक जा पहुँचा, शायद कुकर का ढक्कन हटाया था। इस अरुचिकर तामसी महक से, शाकाहारी माँ-बेटों को खासी असुविधा महसूस हो रही थी। तभी बड़ी ने कहा :

''आंटी, हाथ-मुँह धो लो, चाय बन रही है और अगर पहले नहाना चाहें...तो।'' लगा, लड़कियाँ अब 'मौसी' के रिश्ते को लेकर आश्वस्त हैं।

"नहीं बेटा, नहायेंगे बाद में। पहले घर की चाय पीकर थोड़ा ताजे हो लें।" शीला ने लड़की की पीठ पर प्यार से हाथ फेरा।

"आंटी, मूवी देखेंगी? आज हॉलीडे है ना, छुट्टी का दिन। लाइब्रेरी से कई 'कैसेट्स' लेकर आये हैं, आपके आने से पहले हम वही देख रहे थे–ऑन कर दें?"

"हाँ-हाँ, जरूर, हम भी देखेंगे भाई।" और छोटी ने खट् से वीडियो रील चालू कर दिया। तो बीच में पहुँच कर उन्होंने इनका ध्यान बिगाड़ा था। शीला को स्थिति स्पष्ट हुई। छुट्टी के दिन लड़कियों ने फिल्मों की लम्बी योजना बनायी होगी, जाने कहाँ की 'मौसी' ने आकर बाधा ही डाली।

"आंटी, बाथ के लिए पानी गरम चाहिए या...?"

"अरे नहीं बेटा, ठंडा ही चलेगा और यह आंटी-आंटी का क्या मतलब होता है! मैं मासी हूँ तुम लोगों की, तेरी माँ की सगी चचेरी बहन, तेरे नाना और मेरे पिता सगे भाई थे–एक ही माँ के बेटे–अब साफ समझ में आया!" शीला खुलकर हँस पड़ी-लड़की भी हँस दी। उसे लगा इन लबादेपोश वीडियो वाली कन्याओं को तो चाची, मौसी, मामी, बुआ के रिश्ते शायद ही स्पष्ट हों।

"आंटी तो पास-पड़ोस वालियों को कहते हैं बेटा," मौसी ने लड़की की पीठ पर हलका धौल जमाया और कहा, "चलो, हमें अपने नाम तो बताओ।" लड़कियाँ सचेत होकर बैठ गयीं। यद्यपि पिक्चर चालू थी।

"मैं नीरू हूँ, सेकेंड वन, मुझसे बड़ी ऋचा है, मैरेड। वह बाहर है, दुबई।"

"हाँ-हाँ, उसी के ब्याह का कार्ड तो मिला था मुझे।" शीला बीच में बोली।

"और यह रूमा है, थर्ड वन और ये सबसे छोटी है–गीतू।"

"तुम कर क्या रही हो बेटा, पढ़ाई पूरी कर ली।" 'शीला ने पूछा तो छोटी से–जो बीस-बाईस से कम की नहीं लग रही थी, पर बताना बड़ी ने प्रारम्भ किया, जिम्मेदाराना ढंग से, कि अपनी-अपनी रुचि के मुताबिक कॉलेज तक की पढ़ाई समाप्त कर तीनों ने नौकरियाँ पकड़ ली हैं।

"बेकार घर बैठ कर काम नहीं चलने का आंटी। यूँ तो पापा

का मोटर-पार्ट्स का बिजनेस जब पूरी तरह फ्लाप हुआ न, हम स्ट्रीट पर आ गये थे। थैंक गॉड, मुझको और रूमा को सर्विस मिल गयी–और पापा को ऋचा और कुन्दन–हमारा ब्रदर इन-लॉ–ने हेल्प किया–और दुबई में काम दिलाया। साल में सब मिल कर एक बार आ जाते हैं, ढेर सारी चीजें दे जाते हैं, ढेर सारे हंगामे मचा जाते हैं। पापा जब से बाहर हैं सारा बर्डन ममी और मेरे को सँभालना होता है। छह साल हो गये पापा को बाहर काम करते, यूँ तो आंटी हमारा एक ब्रदर होता-तो...।''

''अरे, सब ठीक है, तुम कुछ कम हो लड़कों से।'' कुछ कहने भी को कह गयी शीला।

''आंटी, नॉन वेज चलेगा, लंच में।'' कस्बई मौसी और सीधे-सादे उसके बेटे को देखकर लड़कियों को उनके मांसाहारी होने पर शक था। अनुमान सही निकला।

''ना बेटा, हमें तो रोटी के साथ कोई सादी-सी दाल-सब्जी ही अच्छी लगती है। वैसे मुझे याद है, तेरी मम्मी ने भी तो कभी मांस-अंडे को मुँह नहीं लगाया था। अब क्या हाल है।''

''ओह आंटी! लौंग बैक, आप किस सेंचुरी की बात करती हैं आंटी। ममी तब मेरे से भी छोटी थीं। मैं पचीस की हूँ और ममी बीस से कम ही होंगी।'' लड़की खिलखिलायी, निस्संकोच-उन्मुक्त, सामने वाले के सम्मान को किंचित स्पर्श करती-सी। शीला की आँखों तले स्मृतियाँ स्पष्ट उभर आयीं–हाँ, साल भर की पहलौठी बिटिया को गोद में समेटे दादी की 'क्रिया' पर जब भेंट हुई थी, तब बीस के आसपास ही थीं दोनों। कैसी बुजुर्गवार, और घर-गिरस्ती के हर छोटे-बड़े गलियारों के चप्पे-चप्पे से वाकिफ। और आज की ये पच्चीस-छब्बीस-साला, मुँहासों पटी-चर्बी लदी-आबहीन धूमिल त्वचा-और वीडियो फिल्मों में रमे-रचे मन-मस्तिष्क वाली बेफिक्र बेबियाँ। यह सब कुछ एक ही पीढ़ी का बदलाव तो है! शीला को सहसा हैरत हुई जैसे निहायत अजूबे पर दृष्टि जा पड़ी हो।

चाय निबटा कर लड़कियों ने कुछ शाकाहारी भोजन की व्यवस्था भी साथ-साथ कर ली थी। पर बड़े लगन और कौशल से 'मूवी' का आनन्द भी समानान्तर जारी था। अभ्यास से सब कुछ सम्भव है। फिल्म कोई जासूसी थी और एक दृश्य भी खोना असह्य था

उनके लिए।

कोई ढाई-तीन घंटे बाद, गृह स्वामिनी ने प्रवेश किया जब लंच का समय खिसकने लगा था। सहेलीनुमा बहन ने देखते ही खूब पहचाना और गर्मजोशी से गले मिली–"हाय! कितनी देर इन्तजार कराया तुझे, गालियाँ देती होगी जी भर, चल उधर बैठते हैं, उस कमरे–यहाँ शोर में क्या होंगी बातें। कुछ खिलाया-पिलाया भी लड़कियों ने या 'मूवी' ही दिखाती रहीं। दरअसल लेटर तो मेरा मिल गया था शीला पर टाइम का ठीक पता नहीं चल पाया। गाड़ी का तो तूने लिखा ही नहीं ना, किस गाड़ी से कितने बजे...बस डेट लिख दी...वरना स्टेशन न पहुँचती लेने। अच्छा! दिक्कत तो नहीं हुई घर ढूँढ़ने में।"

"तू तसल्ली से बैठे तो सारी बातों का उत्तर दूँ। अभी तो खुद पसीना-पसीना हो रही है। हमारी फिक्र न कर, खाने-वाने से निबट कर करते हैं बातें। इत्ती दूर से आयी हूँ, मनोरमा मित्तल से बातें ही तो करने।" शीला हँसी।

"हाँ-हाँ, जरूर बड़ा अच्छा किया, इतनी दिलेरी से निकल पड़ी तू।" हाथ के पैकेट अलमारी में सँभाल सहेज कर रखती बोली मोना–"यह मरा शॉपिंग का काम भी बड़ा ही वाहियात काम है। दूकान-दूकान की खाक छानो, तब भी मनपसन्द की चीज नहीं मिलती कभी-कभी। फिर मुझे पसन्द आ भी जाये, इन लड़कियों के नाक तले सहज ही नहीं आती कोई चीज। शेम्पू से नेल पॉलिश तक और लिपस्टिक से बिन्दी तक इनके पसन्दीदा 'कलर' और 'ब्रांड' ढूँढ़ती थक-थकाकर आधी चीजें ले, आधी छोड़, लौट पड़ी। शॉपिंग में वक्त का पता ही नहीं चलता–चलते रहो-चलते रहो और खाली पेट कुलबुला उठे।"

"तेरा स्वभाव जरा नहीं बदला। बिल्कुल वैसी ही बातूनी-खुशमिजाज, तभी तो मुटल्ली हो गयी है, चल अब खा-पी...बातें बाद में।"

प्लेंटे लगाती नीरू बोली, "नवीन-भाई तुम तो नॉनवेज ले लो। अभी से क्या मम्मी लोगों की लाइन पकड़ ली। लड़के हो और काम देस-बिदेस का पकड़ लिया है, कब तक निभेगा यह नियम।" बड़ी नीरू ने बड़प्पन जताया।

"नहीं दीदी, कभी लिया नहीं न, माफ करना मुझे।" और वह

अपनी प्लेट उठाये मम्मियों के निकट जा बैठा।

तीसरे पहर नवीन ने अपना ब्रीफकेस उठाया और शहर को निकल पड़ा। वीडियो पर जासूसी फिल्म समाप्त कर दूसरी कैसेट चढ़ा ली गयी थी।

शाम पाँच बजे दूसरी समाप्त हुई और तीसरी प्रारम्भ। "जा मीनू चाय का पानी चढ़ा दे और मम्मी को जगा दे—दोनों चाय पी लें। थोड़े पकोड़े बना लें यार, जा मम्मी से कह आ।" आदेश करती नीरू एक झपाटे से खड़ी हो हाथ-पैरों को, सारे बदन को दायें-बायें घुमाती काया को चुस्त करने लगी—"बैठे-बैठे खून जम जाता है रे।"—और कन्धों पर छितराये बालों को झटकती, दुरुस्त करती-स्लीपर चटकाती बाथरूम की ओर बढ़ गयी।

शीला ने देख—"सब कुछ के बावजूद लड़कियों के मन-प्राण वीडियों में ही अटके-उलझे थे। अनिवार्यतः उठतीं और पुनः चित्रपट के आगे खिंची चली आतीं। देर रात तक यही क्रम चला। एक लम्बे अर्से बाद मिली बहनों के पास, न खत्म होने वाली अपनी ही थोक बातें थीं। किचन में बतियातीं दोनों ने साथ-साथ खाना बनाया-खिलाया और खाया। शॉपिंग से थकी-टूटी माँ, बेटियों की अटूट फिल्म-शृंखला से अन्दर ही अन्दर बुरी तरह ऊबी-ऐंठी, किसी भी बात में उन्हें रोकने-टोकने या गृहकार्य में हाथ बँटाने को कहना टालती रही—शीला ने यह स्पष्ट लक्ष्य किया। वजह सही-सही, वह सोच नहीं पायी। किस विवशता के तहत, घर के काम समेट, अकेली अधेड़ माँ ही खरीदारी को भटके और अधिकांश वस्तुएँ लड़कियों की ही।—इतने वर्षों बाद, इतनी दूर से आने वाली बहन के लिए कोई पूर्व-तैयारी नहीं। बेटियाँ हैं कि अपने आप में मगन और कार्यभार से थकती-हाँफती माँ के होंठ सिले-सिले-से। यह सब घर में पिता की अनुपस्थिति का परिणाम था अथवा माँ के अनावश्यक तथाकथित लाड़-दुलार का नतीजा—कुछ समझ में नहीं आया। लड़कियों का यह रवैया ठीक-ठीक अनुशासनहीन या उच्छृंखल भी नहीं लगा उसे। फिर इस अव्यवस्था और अन्यमनस्कता के पीछे किस दबाव का हाथ था। सुबह नाश्ते के वक्त से लेकर रात बारह तक वीडियो से चिपके रहना। हो सकता है छुट्टी का 'दिवस' वे ऐसे ही 'मनाती' हों। शेष दिन, सर्विस की आपाधापी तो निश्चय ही रहती होगी। रोज

के सधे, माँ के हाथ, गृहकार्य में स्वत: पिले रहते हों।

नवीन रात आठ-नौ के बीच लौट आया था। खा-पीकर थकान से घिरा तत्काल सोने की इच्छा व्यक्त की तो लड़कियों ने रोकने की कोशिश की-''अरे बड़ी इन्टरेस्टिंग फिल्म है, है तो मम्मी के टाइम की, और उन्हीं की लाइकिंग का हीरो-यह कैसेट मम्मी की चॉयस का लाये हैं-डेली, लास्ट कैसेट, मम्मी के लिए लगाते हैं। क्या म्यूजिक है! 'मधुमती' का...रुक तो सही। अभी से क्या सोने-वोने का...दस भी नहीं बजे...।'' मीनू चहक रही थी।

''रूमी-बेटा, भाई का बिस्तर लगा दे, थक गया होगा, कल सबेरे फिर निकलना है उसे, और साउंड जरा कम रखना। मैं और मासी भी सो जायेंगे अब। आँखें मुँद रही हैं। कल दिखा देना हमें।'' माँ ने पहली बार अपने कमरे से किंचित आदेश-सा दिया बेटी को।

''व्हाट ममी? बोर किया न? कल का विराम और जुड़ जायेगा इसका...बेकार।'' छोटी तुनकी।

''इस वक्त लड़कियाँ मेरी पसन्द का लगाती हैं, रात के खाने के बाद।'' बाजू में लेटी शीला से कहा, मोना ने।

''पर मोना, इस तरह तो तुम्हारे नित्य ही बारह बजते होंगे...!'' पल भर बाद दोनों खिलखिला पड़ीं। उनका विगत कैशोर्य झिलमिला उठा हँसी में। सहसा मोना गम्भीर हो गयी।

''हाँ शीला, बारह तो बजते ही हैं बहन, रोज बजते हैं। मेरी नींद पूरी नहीं होती। दोपहर कभी झपकने का समय मिला तो कभी नहीं। बच्चियों की तो उम्र है उत्साह-उमंग की, जागती हैं मनबहलाव को। यह भी चाहिए न! दिन-भर काम हुआ बाहर। सेहत पर, इस जागरण का दुष्प्रभाव, उन पर न पड़ता हो, ऐसी बात नहीं, पर अब ज्यादा रोक-टोक भी तो नहीं सकते न। बहना, बेटी तो बीस-इक्कीस तक अपने घर चली ही जाये, तभी ठीक रहता है। आगे जाकर अपनी घर-गिरस्ती सँभाले या अपने गुणों और सामर्थ्य के बलबूते अपना 'केरियर' बनाये...नौकरी पकड़े...विकसित हो...जो इच्छा उसकी और उसके घर वालों की। अपना सिरदर्द तो खत्म! अब ऐसे साल-दर-साल निरर्थक-से खिसकते चले जाने और चिन्ताग्रस्त माँ-बाप की नींद हाराम होते रहने की स्थिति में अपनी जुबान और निगाहें मूँदे रहने के सिवा, उपाय ही क्या है शीला बता। भाग्यशाली

है तू कि लड़कों वाली है। पिता इनके आज छह वर्षों से बाहर ही बाहर हैं–शुक्र है, रोटी की चिन्ता मिटी है। बड़ा घाटा खाया इस निगोड़े बिजनेस में।...दामाद अच्छा निकला...बड़ी, अपने घर सुखी है...और पापा का भी काम सँवारा। साल में दो-चार हफ्तों के लिए आते तो हैं पर उससे क्या होता है। परिवार में तो बड़ों की मौजूदगी, कदम-कदम पर चाहिए।...मैं अकेली कहाँ-कहाँ भटकूँ रे! अब तो प्रभु ही घर आकर दे दिला जायें रिश्ते तभी बेड़ा पार लगे, तू ही बता कैसे करूँ। है तेरी नजर में कोई लड़का, बता ना। ऐसे कारज तो भाई-बहनों की मदद बिना कहाँ अंजाम पाते हैं।

''औलाद को समय पर ब्याह न सको तो ज्यादा रोक-टोक भी नहीं सकते शीला। जमाना देखा, किधर जा रहा है आज। हमारे बच्चे तो फिर भी लाख अच्छे हैं, घर बैठ कर दिल बहलाते हैं, गनीमत है कोई ऐसी-वैसी बात नहीं उनमें। अब करें भी क्या। कोई ढंग का मैच मिले तभी बात बने ना। कमाऊ लड़कियाँ क्या लड़कों से कम छानबीन करने वाली हैं–बिन-ब्याही रह जाना मंजूर है पर नुक्स राई-रत्ती न हो अगले में। दरअसल सब संयोग के हाथ है–जब खुलें, तब खुलें-अब मैं भी क्या करूँ।''–स्वर बड़ा बोझिल और रुआँसा हो आया। दोनों जैसे कहीं डूब गयीं। सहसा मनोरमा ने गला साफ किया और धीमी आवाज वाले दृढ़ स्वर में बोली, ''एक बात कहूँ, स्वीकार न हो तो बुरा मत मानना, क्यों न हम आपस में नया रिश्ता क़ायम कर लें। तेरे तीन लड़के हैं। किसी के लिए, मेरी एक तो पसन्द आ सकती है तुम्हें। सब कुछ जाना-देखा-परखा। बाहर करो तो सौ खतरे। आये दिन बेटियाँ जलने की बात आम हो गयी है।'' शीला की स्तब्ध, विस्फारित आँखों को नकारती मोना ने बात जारी रखी –

''ठीक कह रही हूँ शीला...हम चचेरी बहनें हैं, सगी नहीं। आज तो सब कुछ हो रहा है। हमारा यह रिश्ता तो बड़े आराम से बन सकता है।'' शीला चुप। यह क्या कह रही है मोना!...सोच ले।...घर जाकर बात करना। बात जँचे तो जल्दी लिख देना मुझे...। शीला अब भी मौन थी।

मोना उठी और अलमारी खोल अलबम में से तीन सुथरी-सँवरी लड़कियों की तस्वीरें शीला के हाथ पकड़ा दीं–''ले घर पहुँच कर

मेरी बात पर सीरियसली विचार करना। इतने पास के कुटुम्बी इतने दूर हो जायें और फिर से इतने नजदीकी हो जायें तो बात सुखद ही हो न।...लिखना चिट्‌ठी...राह देखती रहूँगी शीला...अच्छा।'' मोना ने बड़े इत्मीनान और अपनेपन से शीला की दाहिनी हथेली दोनों हाथों के बीच दबाकर हृदय की सम्पूर्ण आत्मीयता उड़ेली स्पर्श में।–और शीला–वह वापसी में सारे रास्ते इसी बात को लेकर झूलती रही...मोना आखिर क्यों और कैसे रख पायी ऐसा प्रस्ताव उसके आगे।

तालाबों वाला शहर

मैं अनायास इस छोटे स्टेशन पर क्यों उतर पड़ा था इसका कोई स्पष्ट उत्तर नहीं था मेरे पास। मेरे पास वक्त कम था। सफर बहुत लम्बा था और अत्यन्त आवश्यक कार्य से मैं मद्रास से चलकर कई प्रान्तों को लाँघता, डिब्रूगढ़ को जा रहा था। बंगाल आते ही मुझे अपना वह गाँवनुमा छोटा शहर याद आया जहाँ मेरा जन्म हुआ था और जिसकी मिट्टी से मेरे बचपन की असंख्य यादें जुड़ी हुई थीं। स्टेशन यद्यपि बड़ा न था पर गाड़ी वहाँ रुकेगी यह मैंने मालूम कर लिया और फिर मैं अनजाने ही किस प्रकार चालीस वर्ष पीछे खिसक आया था, पता नहीं।

सामान पैरों के पास लगाये दहशत की-सी मन:स्थिति में खाली-खाली निगाहों इधर-उधर देखता, स्वयं को यतीम-सा महसूस करता। मैंने स्वयं को प्लेटफॉर्म पर खड़ा पाया। सामान मेरे पास मामूली थे जिसे मैं स्वयं उठा सकता था। सूटकेस क्लॉक रूम में

रखा और बैग लिये प्लेटफॉर्म के बाहर निकल आया। चार दशक बाद मैं उस शहर में प्रवेश कर रहा था जहाँ की धरती पर मेरे बचपन के दस वर्ष बीत थे। जिन स्मृतियों, अनुभवों, अहसासों को यहाँ छोड़ आया था वह बंगाल का पोखरों वाला एक छोटा शहर था जहाँ अपनी बचकानी हरकतों के बीच मैंने बहुत कुछ सीखा-अनुभव किया था। रोया-खिलखिलाया था। मेरे बचपन के वे दस साल के सैकड़ों दिन–असंख्य मीठी यादों से ठसे हुए–इन्हीं सड़कों-गलियों में किसी मकान की छत पर, किन्हीं पेड़ों की टहनियों पर, पोखरों की सेवार भरी सतहों पर बिखरे पड़े थे। आज उन्हें बीनने का मौका अप्रत्याशित ढंग से पा मैं निकल पड़ा था। कुछ देखने-पहचानने की कोशिश में, छूने पकड़ने की ललक लिये मैं धीरे-धीरे इधर-उधर सचेत निगाहें डालता बढ़ रहा था। आह! लेकिन सब कुछ बदल गया था। मैं जो कुछ चाहता था वह तो था ही नहीं। रहता भी कैसे! क्या मैं भी वही रह गया था।

अंग्रेज़ों के ज़माने में पिताजी यहाँ किसी सरकारी नौकरी में थे। फिर पारिवारिक उलट-फेर में हमें दक्षिण चले जाना पड़ा था एवं दादा जी के जमाये हुए गोलमिर्च और काजू के व्यापार को अपने दोनों छोटे भाइयों के साथ पिताजी ने कसकर जो पकड़ा तो आगे ही आगे बढ़ते गये।

मैं अब उस मकान को ढूँढ़ रहा था जिसमें मैंने आँखें खोली थीं। उस आँगन, छत और कमरों में घूमना चाहता था जिसमें कभी घुटनों के बल लुढ़का था। उस मकान का पिछवाड़ा, बगल की गली, सामने की सड़क सब कुछ फिर से ज्यों का त्यों आँखों में समाये इधर-उधर ढूँढ़ रहा था। कई सड़कें बदलता बढ़ा जा रहा था। हर लटकते आम और पके पीले बेलों के बगीचों की खुशबू नथुनों में भर रही थी वैसी ही जैसी तब आती थी।

किस मोहल्ले में था हमारा मकान; बिल्कुल याद नहीं आ रहा था। किसी परिचित की शक्ल पहचान पाने की भी कोई उम्मीद नहीं थी। मुझे ही कौन पहचानता? कोई 'पता' भी साथ नहीं लाया था यद्यपि अगली पीढ़ियाँ तो यहीं बस रही होंगी। कोई नाम भी याद नहीं आ रहा था।

सहसा ठाकुर बाड़ी की याद आयी फिर काली मन्दिर की।

इसके नजदीक ही कहीं रहते थे हम। किसी मास्टर जी के मकान की ऊपरी मंजिल में। आमने-सामने दो-दो कमरे और बीच में आँगन जो नीचे की मंजिल के दो कमरों की छत थी। सबकुछ आँखों के सामने स्पष्ट तैर रहा था। सड़क पार के विशाल बरगद की टहनियाँ हमारे आँगन के एक कोने में झूल-झूल पड़ती थीं और काले मुँह व मोटे लंगूर पेट पर चिपके अपने नन्हे बच्चों समेत बिना आवाजें धीमे से कूद कर टोकरी के अनाज-सब्जी पर बड़ी कुशलता से झपट्टा मारते, पलक झपकते फुदक कर पुनः टहनी पर झूल जाते। मैं आश्चर्य मिश्रित भय से चीखता-किलकता सबों को एकत्रित कर लेने के प्रयत्न में बेचैन इधर-उधर भागता और चाहता कि लंगूर फिर वैसा करें।

बढ़ता हुआ मैं सब कुछ, जैसे स्पष्ट देख रहा था—माँ आँगन, कमरों और रसोई के बीच घूमती, हाथों में कपड़े, छाज या ऐसी ही कोई चीज लिये हिदायत देती, बातें करती या किसी पर खीझतीं, माँ। सीढ़ियों पर बूटों की आवाज लिये ऊपर पिताजी। हाथों में हमारे लिए कुछ-न-कुछ लिये हुए पिताजी।

मैं वह कच्ची-सीली गली ढूँढ़ रहा था जहाँ मिट्टी सने हाथों से गोलियाँ खेलता गली के परले छोर तक भागता-दौड़ता होता। छोर के उस बिना दरवाजे वाले आँगन के कोने का उपेक्षित चूल्हा जिसकी पुरानी ठंडी राख पर ठंड से ठिठुरते पिल्ले, माँ की देह से चिपके पड़े कुलबुलाते होते और हम बच्चे माँ की अनुपस्थिति में सुस्त पड़े हुए पिल्लों को तिनके से कोंचते हुए हिलाने की कोशिश करते। किस तेजी और स्पष्टता से स्मरण हो आयी अपने बचपन की यह बात। एक दिन उन पिल्लों में से एक को अपनी कमीज के नीचे छिपाये पेट से चिपकाये हुए दबे पाँव मैं सीढ़ियाँ चढ़ आया था और बड़ी चतुराई से उचित स्थान की खोज कर लेने तक, जलावन की पेटी के पीछे छिपा दिया। फिर बड़ी देर चिन्तित अनमना-सा इधर-उधर डोलता फिरा। सोच-विचार के पश्चात् चपरासी हरिमन के आग तापने के मिट्टी के बर्तन की राख पलटी, थोड़ी-सी तले में डाली और पिल्ले को समेट कर प्यार से उसमें बिठाया। ठंड से बचाव के लिए ऊपर से अपनी पुरानी कमीज ढक दी। पिल्ले ने हल्की कूँ कूँ की फिर शान्त हो गया। शाम तक तो पिल्ले महाशय

चुप बने रहे लेकिन रात पड़ते ही जो चीखना शुरू किया कि मैं बेचैन हो उठा। बड़ी कोशिश के बाद भी जब उसका विलाप बन्द न कर पाया तो चुपचाप माँ की रजाई में दुबक कर सिसकने लगा था। मुझे याद आया, बिना कुछ अधिक कहे माँ ने सिर्फ इतना कहा था–"वह भी तुम्हारी तरह बच्चा है न! माँ के बिना कैसे नींद आयेगी उसे?" और मैं उसी दम लालटेन सहित नौकर को साथ ले पिल्ले को कपड़े के अन्दर लपेट, उसकी माँ के पास दूसरे पिल्लों के बीच छोड़ आया था।

धूप सिर पर सीधे पड़ रही थी और मैं सड़कों पर लावारिस-सा घूमता काली मन्दिर के सामने वाले चबूतर पर जा बैठा था। ख़याल आया–मन्दिर के आँगन में बकरों की बलि दी जाती थी। एक बार मैं गलती से ऐसे ही वक्त वहाँ पहुँच गया था और न देखना चाहते हुए भी साथ के व्यक्ति का हाथ कसकर पकड़े हुए पथराई आँखों से बकरे का गला कटना और खून के फव्वारे छूटना देखता रहा था। उस रात बिना खाये सोने चला गया था और फिर सारी रात सो न सका था। और मुझे स्मरण हो आया कि दुबारा फिर काली मन्दिर के आँगन में प्रवेश करने की मेरी कभी हिम्मत न हुई थी। वैसे शाम की दिया-बाती के वक्त की आरती, घंटा और बताशों का प्रसाद, काली मन्दिर स्मृति के साथ कई सालों तक जुड़े रहने के बाद धीरे-धीरे ही धूमिल पड़े थे।

मन्दिर के पिछवाड़े का तालाब, 'रानी पोखर' था जिसे वहाँ की विधवा 'रानी माँ' ने मन्दिर निर्माण के वक्त खुदवाया था।

इस रानी पोखर के किनारे के पेड़ों की लचीली टहनियों से झूलते हम पानी में प्रवेश करते और भीग-भाग कर कपड़ों सहित नहा चुकने पर ही दम लेते। इस तरह झूल-झूल कर नहाना भी, स्वयं में एक अनोखी आनन्ददायक प्रक्रिया थी।

किनारे की सेवार पर फिसलते रंगीन हरे-पीले दागदार चमकीले पंखों वाले गन्धी कीड़ों के चमकीले चित्रमय पंख उखाड़ टिकुली बनाना और हथेली पर सजाना विचित्र क्रूर शौक था तब हम बच्चों का। कितनी ही बातें याद हो आयी थीं।

पुरातत्वान्वेषी-सा अतीत-गर्त्तों को उकेरता-पाटता मैं जाने क्या ढूँढ़ने पाने की कोशिश में सड़कें-गलियाँ नाप रहा था।

दरअसल मुझे अपनी वह कच्ची-सीली गली नहीं मिल रही थी जहाँ हमने गोलियाँ और गिल्लियाँ उछाली थीं, न ही उस छत के मिलने की उम्मीद नजर आ रही थी जहाँ हम झुलसा देने वाली लू में आराम से बैठे माँझे लगाते, पतंगें काटते, अपना रंग ताँबे सा लाल कर लिया करते।

मुझे फूलों से लदे वे पेड़ भी नहीं मिल रहे थे जिनके नीचे जाड़ों की हर सुबह, पीली डंडी और सफेद पँखुड़ियों वाले बड़ी मीठी खुशबू बिखेरने वाले, हरसिंगार बिछ जाया करते। हम झोली भर फूल बटोर लाने के बाद देर तक हथेलियों को सूँघते उन फूलों की प्यारी खुशबू के टिकाऊपन का समय आँकते रहते। कितने आजाद और भरे-भरे थे वे दिन।

दोपहर बीत चली थी और मैंने खाना नहीं खाया था। इतना चल लेने के बावजूद भूख नहीं थी। हृदय बार-बार कुछ विचित्र अहसास से भर उठता था। एक ही जीवन का कितना महत्त्वपूर्ण अंश कितनी आसानी से दब-ढक जाता है। नामो-निशान बाकी नहीं रहता। यादें, वाकयात सब अविश्वसनीय लगने लगते हैं।

डिब्रूगढ़ की गाड़ी रात आठ के करीब थी। मेरे पास वक्त अभी काफी था। विचित्र-सी मनःस्थिति ढोता मैं नारियल के पेड़ों तले लेटा पत्तों की चिरचिराती आवाज सुनता देर तक पड़ा रहा। ऐसे ही आवाज होती थी उन दिनों भी, जब टप-टप नारियल के सूखे सींक ऊपर से गिरा करते और हम कौतुकवश दौड़-दौड़ कर प्रतियोगी-से उन्हें इकट्ठा करते हुए मोटा गुच्छा तैयार कर डालते।

यादों में खोये, जाने कब आँखें लग गयीं। खुलीं तो बल्बों की रोशनी वाली शहरी शाम का सामना, सहसा न कर सकीं।

चौंधियायी आँखों से इधर-उधर देखता मैं फिर चल पड़ा था। स्टेशन ही जाना था अब। मैंने गौर किया, म्युनिसिपैलिटी के किरासन तेल वाले लैम्पों की जगह अब दोनों ओर बल्ब थे, भक् सफेद। जिनकी रोशनी में अपना वह पुराना प्यारा छोटा शहर बिल्कुल पराया लग रहा था। मैं फिर रुका। ऊपर आकाश निहारा। तारें गण आये थे छितराये-से—वे ही, जिन्हें मैं दशकों पहले छोड़ आया था, यहीं, इसी धरती के ऊपर के आकाश पर। वही दिशायें, वही मिट्टी, हवा और वही धुव्रतारा भी था। पर अधिकांश तारे अब

बिजली की रोशनी में फीके पड़ गये थे। ये वही चमकीले तारे थे जिन्हें हम गर्मियों में छत पर बिस्तर में लेटे-लेटे गिना करते-एक... दो... तीन... चार, मैंने इकतालीस चमकीले तारे गिन लिये... फिर-भाई गिनते हुए कहता-तुम्हारे तो इकतालीस हुए ना, मेरे सत्तावन हुए, सत्तावन... और मुझे लगा अब यदि मैं गिनना शुरू करूँ तो बमुश्किल दस-बारह गिन पाऊँगा। तो क्या वे बचपन के मेरे तारे भी, जिन्हें मैं यहाँ के आकाश पर छोड़ गया था, यहाँ की दूसरी चीजों की तरह मुझे नहीं मिलेंगे, नहीं पहचानेंगे।

उजाला

गोबर लिपे कच्चे आँगन के कुएँ से निकाली गयी पानी की बालटी को बगीचे की ओर बह निकलने वाली नाली में पिरकी पासी ने अभी उड़ेला ही था कि सुबह-सुबह किसी तने पर कुल्हाड़े का भरपूर वार कानों से टकराया-खट् ...उसने चौंक पर देखा आँगन को घेरे खड़ी मेहँदी की बाड़ से लगकर खड़ा गूलर का वृक्ष जो पड़ोस के दारोगा जी की सरहद के अन्दर था-गिराया जा रहा था। साहब के गुलामनुमा दो व्यक्ति मोटे तने पर दोनों ओर से खटाखट कुल्हाड़े चला रहे थे।

पिरथी का माथा ठनका-कुएँ की डोर छोड़ दी यह 'बिरिच्छ' तो सीधा उसी की खपरैल पर गिरेगा-आँगन के ठीक उसी भाग में वह सहमता-सा आगे बढ़ आया।

"क्यों भैया, क्या कर रहे हो?" कुल्हाड़े क्षण भर रुके।

"देख नहीं रहे तुम?" एक बोला।

पिरथी पल भर मौन रहा... पिछले, साल-भर से, जब से दारोगा साहब यहाँ तशरीफ लाये थे, मोहल्ले भर की गतिविधियों में आये परिवर्तन से वह अनभिज्ञ नहीं था।

"पर भैया! अच्छा न हो कि पहले ऊपर वाली मोटी टहनियाँ लो फिर तने को काट रस्से से खींच कर अन्दर अपने खुले बाड़े में गिराओ कि गरीब का नुकसान न हो भाई... 'बिरिच्छ' का अधिक भार तो इधर ही है... खपरैल पर..." वह हाँफने लगा था।

"हमें कुछ नहीं मालूम, साहब का हुकुम है, गिराओ... आँगन में बच्चों को धूप चाहिए, जाड़े की इंजोर (रोशनी) चाहिए..."

"यह तो ठीक है भाई पर जैसे काट रहे हो कि आकर सीधा हमारे पर ही गिरेगा..." पिरथी गिड़गिड़ाया।

"अरे भाई काम करने दो, क्यों बाधा डाल रहे हो! जाके साहब से क्यों नहीं बतियाते..." उनके वार, लय-ताल सहित और तेज हो गये।"

"सुनो भैया।" पिरथी ने फिर हाथ जोड़े... "किसी का नुकसान किये बिना गिराने में भला साहब को क्या एतराज हो सकता है। मोटा रस्सा न हो तो उसका जुगाड़ मैं कर दूँ। पहले टहनियाँ छाँट लो भाई फिर..."

"साहब का हुकुम है, जल्दी करना है, टहनियाँ गिराने का समय नहीं है।"

पिरथी घबराया, तब तक परबतिया भी चकरायी-सी कोठरी से निकल आयी थी...

"तुम आप ही जाकर बात करो रतनी के बप्पा!"

"साहब सोये हैं अभी..." एक ने फिर रुक कर बताया-"कल साँझ ही हमें बता दिया था कि उठने पर गिरा हुआ देखेंगे... सबेरे की धूप चाहिए।"

पिरथी फिर बदहवासी में दौड़ता हुआ निकल गया और थोड़ी देर बाद मोटे रस्से का वजनी गुच्छा बाँहों में भरे हाँफता हुआ उपस्थित हुआ।

"इसे पेड़ से बाँध लो भाई और फिर उधर के पीपल से कस लो, हमारी खपरैल बचा लो भैया...।"

फिर वैसा ही किया गया पर ऊपर का बोझ रस्सा खींचने पर

भी न सँभला और वृक्ष खपरैल के एक हिस्से को धँसाता, आवाज करता, अरराका भूमिगत हुआ, कच्ची दीवार भरभरा गयी और बल्लियाँ, खपरैल सहित कोठरी के तले जा लगीं।

पिरथी की घरवाली छाती पर हाथ मारती चीखी–''हे भगवान... ई का... भया हो...''

पथरायी आँखों पिरथी जड़वत् खड़ा रहा.

वृक्ष गिरने की भरकम आवाज के साथ बच्चे बाहर निकल आये थे। साहब के बच्चों ने क्लिक कर ताली बजायी–''आँगन में धूप... कितनी सारी धूप...।''

पिरथी के नादान बच्चों ने भी जाने क्या सोच कर साहब के बच्चों की नकल की–''हमार घर में भी धूप... ढेर इंजोर...''

खपरैल के टूटे भाग से ढेर सारी चमकती धूप जबरन अन्दर कोठरी में प्रवेश कर गयी थी।

घरवाला

"ऊपर जाने कब से महाभारत छिड़ा है—और तुम पता नहीं कैसे, यों कुम्भकर्णी नींद सो लेते हो भई...कब से पुकार रही हूँ तुम्हें...नींद ही नहीं टूट रही...गजब की नींद है तुम्हारी।" कई बार सलीके से पुकारने के बाद अब सचमुच गुस्सा आ रहा था विभा को-निखिल पर। "क्या है भई।" कुनमुनाता-सा निखिल तनिक हिला और सिर तक चादर खींच ली।

विभा गहरी नींद में झटका-सा खा कर अभी-अभी चौंक उठी थी। छत पर—ऐन सर के ऊपर, कोई चीज जोर से पटकी गयी थी। प्रगाढ़ निद्रा में कोई विस्फोटक धमाका ही लगा था उसे। और हैरत थी कि निखिल के कानों पर जूँ तक नहीं रेंगी।...ओह, छत टूटे या धरती फटे...कोई फर्क पड़ने वाला नहीं तुम्हें...क्या नींद पायी है कसम से—निखिल...यों जानबूझ कर आँखें मत मूँदों भई...ऊपर कोई मर-मरा जायेगा, एक बार। चल कर देखो सही, मामला क्या

है। आखिर हमारे आश्रित हैं वे। भगवान न करे, कोई बड़ी बात हो गुजरे तो जवाब-तलब का सामना हमें ही तो करना पड़ेगा। तनिक चादर सरका निखिल का चेहरा अनावृत करते विभा हाँफ उठी थी। निखिल ने भरपूर नेत्र उघारे और पत्नी को स्नेहिल दृष्टि से सहलाते हुए बोले–"तो इतना नर्वस होने की क्या बात है डार्लिंग। यह कोई पहली बार का तमाशा तो नहीं। सो जाओ। रिलैक्स! आई मीन, फायदा कुछ नहीं न। यह कैटेगरी ऐसे ही जीती है पीढ़ियों से। इनके रग-रेशे में बसे हैं ये संस्कार, जो पीढ़ियों में ही जा सकते हैं–वह भी तब, जब कोई मसीहा इनके इन गँदले संस्कारों का परिशोधन करने इस धरा पर पुनः उदित हो–सो जाओ अब। टाइम क्या हुआ।" निखिल ने लेटे-लेटे हाथ बढ़ा कर टार्च की रोशनी दीवार पर कौंध ाई–ओह! अभी कुल बारह ही हुए हैं।

ऊपर छत से नन्ही बच्चियों के चीखने-रोने की मर्मस्पर्शी आवाजें लगातार आ रही थीं। सुना नहीं जा रहा था विभा से। थकी-टूटी काया की मीठी-मीठी नींद में खलल पड़ी सो पड़ी, पर ये फूल-सी निर्दोष, सुकुमार बच्चियाँ क्या सुन-देख और झेल रही हैं आँखे खुलते ही पृथ्वी के प्रकाश में। नहीं, बल्कि धरती पर आने के भी पहले से। संस्कार तो...ठीक कहते हैं निखिल...संस्कार तो जन्म से कहीं पूर्व मिलने, पलने और बढ़ने प्रारम्भ हो जाते हैं। पर इसका मतलब, देख-सुनकर भी आँखें मूँदे रहें। वह अपनी चादर फेंक झटके से उठ बैठी–निखिल, प्लीज! तुम्हारी यह सारगर्भित संक्षिप्त टिप्पणी से मैं सहमत हूँ पर हमें चल कर दो-एक मिनट देख तो आना चाहिए कि नहीं। उस कमीने को जरा डपटो तो सही पहुँच कर। रिरियातीं मरियल बच्चियों की अधमरी माँ के खून-पसीने की कमाई बोतलों पर उड़ा कर आये दिन घर में यों कुहराम तो न मचाया करें। उठा भी अब। लो यह फिर कुछ पटका शैतान ने। लगता है भांडा फूटा कोई। अभागी अब तो मिट्टी के बर्तनों में खिचड़ी-भात सिफाने लगी थी। अल्युमिनियम-हिंडालियम के तो इसने छीन-झपट कर बेच डाले सारे। उफ! मैं तो एक दिन न रुकता ऐसे जानवर के पास। आखिर क्या सुख पा रही है मेरी ऐसे मर्द के साथ। अब उठोगे भी निखिल। विभा ने क्रोधप्लावित मनुहार से निखिल की बाँहें खींची। वे उठ बैठे। एक लम्बी साँस भरी–चेहरे और आँखों पर उनींदी हथेलियाँ

फिरायीं और प्रस्तुत होते से बोले–"वैसे तुम्हें याद है विभा जिस वक्त तुमने इन्हें ऊपर टिकाने का प्रस्ताव रखा था मेरे सामने, मैंने क्या कहा था?"

"खूब याद है बाबा पर उस समय दूसरा विकल्प भी तो नहीं था कोई...।" विभा ने बेचैनी से कहा।

"हर सिक्के के दो पहलू होते हैं, सोचकर धैर्य धरो फिर। और अब तो आवाजें बन्द हुई लगती हैं। आखिर थक-थका कर वे भी सोयेंगे ही बेचारे। तुम भी डार्लिंग सोने की कोशिश करो अब।" निखिल पुनः लेटने को हुए तो विभा ने तुर्शी से कहा, "बात केवल हमारे या उनके सो भर लेने की नहीं है।"

"मैं जानता हूँ विभा, तुम्हारे अन्दर क्या घुमड़ रहा है। पर क्या तुम समझती हो हमारी धमकियों से यह निकम्मा आदमी राह पर आ जायेगा। तुम कहती हो तो चल कर मैं उसकी एक तगड़ी खबर ले लेता हूँ। पर लाभ राई-रत्ती होने का नहीं–लिख लो। फिर इस वक्त! इस वक्त तो वह वैसे भी नशे में सनकाया हुआ है। क्या मुँह लगूँ उसके। बदतमीज आगे से मुँह खोल बैठेगा तो कहीं मेरा हाथ ही न उठ जाये। तुम्हारी तसल्ली के लिए सुबह कह लूँगा अच्छी तरह–जो कहना होगा–बस! "निखिल ने करवट ली और आदतन झट सो भी गये।"

विभा को ख़याल आया, निखिल ने कहा था जैसे भी हो अपना काम चलाओ, पर यह सिरदर्द न पालो। आये दिन कोई न कोई समस्या पेश आती रहेगी इनकी। बेशक अभी उस मरदूद ने इन्हें घर से निकाल बाहर किया है, पर देख लेना, पता-वता लगा कर चौथे रोज ही लपकता आ धमकेगा कमाती घरवाली के सिर पर। जिन्हें फूँकने की लत हो, उनका कोई चरित्र होता है?

"क्या करूँ फिर। कमली इतने नागे करने लगी है बीमारी की वजह से कि मेरी सारी कैजुअल लीव साफ हुई जा रही है जबकि 6 माह बाकी हैं अभी साल के। गरीब के पैसे काटने को भी दिल नहीं करता बीमारी में। अब सोचा था यह पारबती ऊपर कोठरी में पड़ी रहेगी तो हमारा क्या बिगड़ेगा। बेचारी दुखियारी है–निराश्रित। कह रही थी, बर्तन, कपड़े, पोंछा के अलावा भी हाथ बँटा दिया करेगी, खासकर मेहमानों की उपस्थिति में कितना आराम हो जाया

करेगा। अकेले हाथ-पाँव फूलने लगते हैं दौड़-भाग करते। और फिर इनके ऊपर रहने से थोड़ी रौनक-सी भी हो जायेगी। दो ही तो हैं हम।'' उसके मनुहारी स्वर में अनायास अवसाद भी उभर आया था।

निखिल ठठाकर हँसे थे-''खूब यह रौनक की खूब कही तुमने।'' और दुबारा खिलखिलाये, तो विभा तुनक उठी थी-''क्यों कुछ गलत कहा मैंने। सुबह साढ़े आठ के निकले शाम छह के बाद ही कहीं प्रवेश करते हो घर में तुम। मैं अधिक से अधिक दस से तीन तक ही रहती हूँ बाहर। छुट्टियाँ वैसे ही कॉलेज की होती रहती हैं। अपने लेक्चर अटैंड कर मैं दो-ढाई के करीब लौट तो आती हूँ अकसर, मालूम तो है तुम्हें। और फिर तुम्हारे आने तक कितना कैसा वैक्युम फील करती हूँ इसे तुम क्या समझोगे'' स्वर के साथ-साथ आँखों में भी नीम आर्द्रता झिलमिला उठी थी।

''भई, अब ये अपने हाथ की बात तो है नहीं। तुम्हारे कृपालु भगवान ही कृपा करें तो अपने घर भी रौनक...।'' बरबस मुस्काये थे निखिल। बातों में स्वतः मार्मिक सूत्र छू लिया था। निःसन्तान विभा ने अपने वैवाहिक जीवन का यह एक दशक कैसे व्यतीत किया था, इसे निखिल से अधिक कौन जान सकता है। वे पुरुष हैं, कहते नहीं अक्सर। विभा कह डालती है। महज इस अन्तर से क्या फर्क पड़ता है?

''अच्छी बात है मैडम, टिका लो इन्हें ऊपर।'' निखिल ने हथियार डालते कहा था-''आपका संवेदनशील हृदय वैसे भी किसी की व्यथा-कथा देख-सुन कर द्रवित हुए बिना रहा है कभी। फिर यहाँ तो साथ में अपनी स्वार्थसिद्धि की भी बात जुड़ी है। हाँ, जरा इन्हें समझा-बुझा देना कि गन्दगी न फैलायें ऊपर। पूरी छत साफ-सुथरी बनाये रखें। कोठरी छोटी तो है पर इन ढाई जनों के लिए काफी है। एक बात और जिससे भी मिलना-मिलाना हो इन्हें, आई मीन इनके गाँव-पड़ोस के इक्के-दुक्के बाहर ही मिल लें इनसे। ऊपर कोठरी तक न जा पहुँचें हमारी अनुपस्थिति में। और यह भी सुन लो विभा वह नालायक इसका घरवाला, देखना तुम चौथे रोज ही सड़के सूँघता आ पहुँचेगा यहाँ। मैं जानता हूँ। इस सम्बन्ध में जो कुछ कहना-तय करना हो तुम्हें, अभी ही कर डालो। बाकी घर आपका है। ज्यादा दखलअन्दाजी हमें शोभा नहीं देती।'' और निखिल ने फिर अधिक

खोज–पूछ या मीनमेख से स्वयं को दूर ही रखा। हमेशा रिलैक्स मन:स्थिति में जीने वाले निखिल के लिए इतना भर पर्याप्त था कि अपनी गाड़ी ठीक चलती रहे घर की। अक्सर कहते–"चक्का अपना जाम न हो विभा, इतना ध्यान रहे। बाकी जीवन में ऐसा बहुत विशेष है ही क्या जिसे खुर्दबीन से ढूँढ़–ढूँढ़, अपनी रातों की सहज–स्वाभाविक नींद, उड़ा ली जाये।"

और ठीक आठवें दिन विभा ने चाय की प्याली के साथ सूचना थमाई थी निखिल को, तुमने सही कहा था। आज आ पहुँचा मरा, अरे वही पारबती का घरवाला। लगा चिरोरी करने और गिड़गिड़ाने। आन–आबरू तो कुछ होती नहीं पियक्कड़ों के। सिर पर भूत सवार हुआ तो धक्के दे दिये, और आटे–दाल का भाव मालूम पड़ा, भूखों मरने की नौबत आयी, तो मुँह उठाके चल दिये औरत पकड़ने।"

"अभी कहाँ हैं?"

"भगा दिया मैंने। पारबती तो उसकी शक्ल नहीं देखना चाहती, इतना दुखी कर छोड़ा था उसने। मैंने वो खरी–खरी सुनायी कि लगा फूट–फूट कर रोने–नौटंकीबाज। मैंने पूछा, फूल–सी अपनी बच्चियों और दिन–रात खटने–कमाने और तेरी गृहस्थी सँभालने वाली को मारपीट कर यों घर से निकालते तेरी अक्ल कहाँ चरने गयी थी तब। लगा नाटक दिखाने–नहीं साहब मेरी घरवाली अपने घर में रहेगी साहब–नहीं तो हम सब का जिन्दगी बरबाद हो जायेगा मालिक।"

"यह करता क्या है?" प्याला रखते निखिल ने पूछा। "करना क्या है मजदूरी–वजदूरी कर लेता है कभी–कभी सड़कों पर और जिस दिन कमाई की थोड़ी–बहुत तो तीन–चौथाई तो नशे में फूँक, चुटकी भर आटा लिए सिर पर सवार घरवाली के, कि ला अब थाली परोस के।"

"हूँ...।" निखिल ने सिगरेट सुलगायी–"तो अब क्या चाहता है...?"

"इन्हें घर ले जाना चाहता है–और क्या। पारबती शर्मा जी के घर का काम निबटा कर वापस लौट रही थी–दरवाजे पर इसे तैनात पाया। निकट पहुँचते ही लगा हाथ–पाँव जोड़ने। झट अन्दर आकर मुझे बुलाया पारबती ने। वह तो हरगिज वापस नहीं जायेगी, कह कर ऊपर चली गयी। और यह आज तो दो–चार मिनट बच्चियों से

लाड; जतला कर वापस लौट गया है पर चैन...।''

''पर जबरदस्ती तो नहीं ले जा सकता पारबती को। खैर, देखो।'' और निखिल ने टीवी ऑन कर दी थी। यह अच्छी परेशानी चिपकी रहती है विभा के साथ। दो दिन जरा चैन से ड्यूटी पर गयी थी और लगने लगा था कि अब कुछ समय सब ठीक-ठाक चलेगा। पर गृहिणी से अर्थोपार्जन कराना इतना आसान है क्या?

हफ्ता भी नहीं बीता कि पुनः मुँह लटकाते विभा ने कहा–''यह परबतिया का घरवाला तो अच्छा तमाशेबाज है निखिल, मगज चाट गया बैठे-बिठाये।''

''क्यों, क्या हुआ?''

''अरे पूछो मत। दोपहर बाद दरवाजा खुलते ही दरवाजे पर गज भर अन्दर आकर बैठ गया जम कर। मारे कुढ़न के पारबती तो मुँह फेर उलटे पैरों कोठरी में जा घुसी। खामखा मेरा दिमाग खाता रहा। गुस्सा भी आये और हँसी भी छूटे। बार-बार धरती को प्रणाम कर कहे जाये–मेरे साथ भेज दो साब। पारबती को अपना घर जाने को बोलो साब–हम अपना पारो के बिना और बचेगा नई साब–उसको सब कुछ बोल दो साब। जी चाहा, लगाऊ खींच के चार झापड़ इस देवदास के नाती को। अकल दुरुस्त हो जाये। आज यह पारो के बगैर बचेगा नहीं–क्योंकि उस बच्चों वाली असहाय औरत ने इस नालायक के बिना भी जीना सीख लिया है। मैंने समझाया बहुत कि पारबती से बात करने का अब कोई लाभ नहीं। बाइज्जत लौट जाये चुपचाप। पर बेहद ढिठाई से डटा रहा देर तक। हार कर पारबती को बुलाना पड़ा। लगा कसमें खाने अब नशा-पत्ता, मारपीट सब बन्द। कमा कर रोज लायेगा–और अच्छे से रहेगा। पर पारबती ने साफ कहा कि उसे अब तिल भर विश्वास नहीं, इतना-इतना कष्ट सहने के बाद। हाँ चाहे तो माह में एकाध बार बच्चियों से मिल जाया करे। बस। इससे अधिक और कुछ नहीं। धूर्त कहता क्या है 'पारो के बिना अपनी खाली कोठरी भाँय-भाँय, साँय-साँय करता साब। हम लौट के और वापिस नहीं जायेगा, इधर ही कहीं डूब मरेगा साब' कमीना।''

निखिल मूछों में मुस्काते बुदबुदाये थे–''बिन घरनी घर भूत का डेरा-प्राणी समझदार लगता है।''

''मजाक सूझ रहा है न तुम्हें, उसका ड्रामा देखते जरा उस

वक्त।''

''भई आज वह पूरे होशोहवास में था, पिये नहीं था, अब तक था नशे की बेहोशी में।'' निखिल ने कहा।

''बेकार की बात। मैं नहीं मानती। जब नीम नशे या बगैर नशे के हो, तब भी यही कुछ करते हैं ये लोग। मेरा तो निखिल, एक बात पर खून खौलता है कि ये जवाँ मर्द किसी की बाँहें तो सब के सामने-भरे समाज में थाम कर ले जायेंगे अपने घर, सुख-दुःख के साथी बनकर–और जब दरवाजे के बाहर निकालेंगे तो बिना किसी को मध्यस्थ बनाये चुपचाप रात के अँधेरे में। पता लगने पर कोई करुणामय पड़ोसी द्रवित होकर मध्यस्थता का साहस बटोरे भी, तो कहेंगे, तुम कौन? घरवाली मेरी है, यानी कि सम्पत्ति अपनी है, चाहे जैसे बरतें।''

''मेरी मानो विभा। उसका परिवार उसके हवाले करो और चैन पाओ। इतना इन्वॉल्व होना कोई जरूरी नहीं।''

''पर, एक तो वह खुद अब दोबारा उस नरक में जाने से रही, दूसरे, हम भी तो अपना नफा-नुकसान कुछ सोचेंगे कि नहीं। इतनी अच्छी सर्विस हमें दे रही है यह। इसे जाने देने का सीधा अर्थ है फिर से परेशानी मोल लेना।

''तो फिर उसकी नौटंकी आये दिन चलेगी, बर्दाश्त तुम्हें ही करना होगा, सोच लो।''

''क्या कहते हो निखिल।'' विभा रुआँसी हो उठी।

''और क्या! पारबती की तीसों दिन की उपस्थिति तुम्हारी रेगुलर सर्विस के लिए इस समय सब से बड़ी सहूलियत है तुम्हारे लिए। प्रतिदिन में कुछ तो चाहिए।''

निखिल सही थे। पारबती का घरवाला अब हर तीसरे-चौथे, शहर पहुँचने लगा। उसका गाँव कोई दूर भी नहीं था–मात्र छह-सात किलोमीटर। अकेला पड़ने के बाद थोड़ा नियमित कमाना सीख गया था, भुखमरी में। एक-डेढ़ माह पश्चात् दिन भर शहर में ही रिक्शा चलाने लगा था भाड़े पर। फिर प्रायः दूसरे-तीसरे दिन बच्चियों के लिए कोई न कोई वस्तु हाथों में लिए आ पहुँचता शाम के समय। पारबती इधर-उधर छिपती-फिरती तो गली, नुक्कड़ पर ही रास्ता रोक लम्बी-चौड़ी चिरौरी हाँकने लगता। रातें उसकी रेलवे स्टेशन, बस

अड्डे या फिर फुटपाथों पर कटती। अब वह चाहता रात को रिक्शा समेट अपने परिवार के बीच आ जाया करे। पर अनुमति कौन दे। अन्ततः कुछ तंग आकर, कुछ द्रवित होकर और कुछ पारबती और बच्चों की भावना का भी ध्यान रखते हुए उसके सतत आग्रह को और बच्चों को, और न नकार सकी विभा–और रात अपने परिवार में रह सकने की अनुमति उसने ले ही ली।

इतना कुछ होने-हवाने में पारबती को ऊपर कोठरी में रहते तीन माह व्यतीत हो चुके थे। अब तथाकथित सुधरे मुखिया के पुनःप्रवेश के बाद इस गमगीन नन्हे परिवार के आरम्भिक दो-एक सप्ताह अच्छे खुशनुमा से बीते। इस घर के अतिरिक्त बाहर के अन्य तीन घरों के काम निबटा बड़ी मुस्तैदी से पारबती अपनी कुठरिया को भी यथासाध्य सम्पन्न और सलीकेमंद बना पाने की सुखद प्रक्रिया में जुटी रहती। रात की रोटी के साथ प्रायः एकाध ढंग का सालन जुटाने का प्रयास रहता उसका। एक पखवाड़ा ठीक-ठीक बीत गया। पर तभी एक सुबह पारबती की सूजी-सूजी पलकें देख विभा ने कुरेदा उसे, तो मालूम हुआ–रात फिर खूब नशा करके आया और तीनों पर झमटता गुर्राता रहा। बड़ी कठिनाई से स्थिति सँभाली। रात भर रोती रही है कि अभागा यहाँ चैन से जीने-मरने नहीं देगा।

"फिर अब।" विभा ने व्यग्रता से पूछा।

"उसको कुछ नहीं बोलना मालकिन। जड़ है एकदम–ठूँठ। उसको कुछ भी असर नई होयेगा। मेरा अपना भाग। क्या कहें।" विभा की समझ में नहीं आ रहा था। करे तो क्या करें। अब तीसरे-चौथे रोज, पहले थोड़ी धीमी, फिर क्रमशः तेज आवाजें–उत्पात और कलह की–आनी प्रारम्भ हुईं। विभा ने एक दिन साफ-साफ कहा कि यदि वह कमीनी हरकतें नहीं छोड़ सकता तो शरीफों के बीच हरगिज नहीं रह सकता। इसी क्षण निकल जाये

"आप हमको निकालेगा तो हम अपना परिवार को भी साथ ले जायेगा साब। इस बार छोड़के नई जायेगा।" उसने बड़ी ढिठाई से कहा, अरे तू ले जायेगा और चौथे दिन मारपीट के निकाल बाहर करेगा। तेरे नशे का क्या भरोसा, तुम्हें मालूम नहीं क्या फिर गिड़गिड़ायेगा, हाथ-पाँव जोड़ेगा, कसमें खायेगा। न तू आप चैन से जियेगा, न इन्हें जीने देगा।"

''सो, अब जो होगा साब, होगा। यहाँ अब और नई रहने देगा।'' वह साफ गिरगिट-सा रंग बदलता बोला।

विभा खून का घूँट पीकर रह गयी थी। और उसी रोज सम्भवत: योजनापूर्वक, आधी रात गये ऐन सिर पर उठा-पठक की बौखला देने वाली अप्रिय आवाजों ने उसे त्रस्त कर दिया था। उसकी खबर सुबह ही लेने की बात कह कर निखिल तो सो गये पर विभा की शेष रात्रि तन्द्रावस्था में बीती। अगली सुबह, काम के लिए पारबती के नीचे उतरने के पूर्व ही दोनों छत पर पहुँचे—चारों ओर माटी की हंडिया के भात सने टुकड़े और पके-अधपके दाने, क्रूरतापूर्वक बिखेरे गये थे। एक ओर पानी का अधटूटा घड़ा औंधाया पड़ा था। मसाला पीसने की छोटी-सी पत्थर की सिल तक के दो टुकड़े हुए पड़े थे—हे भगवान! यह आदमी है या बनमानुष। ठीक ही रात कोई मरते-मरते बचा है। विभा के साथ-साथ निखिल भी सकते में आ गये। दो पग आगे बढ़कर कोठरी में झाँका—बुरी तरह उलझी-बिखरी लटाओ वाली यतीम-सी बच्चियाँ पस्तहाल लुढ़की पड़ी थी, बेहोशी-सी नींद में और इसी तरह बेसुध-सा औंधा पड़ा था उनका बाप। बस पारबती उठ कर अभी-अभी बैठी थी। सम्भवत: पदचाप सुनकर। विभा ने उसे बाहर बुलाया। सूजी निष्प्रभ आँखें और रक्त विहीन पीला चेहरा लिये वह सँभलती संकुचाती बाहर निकल आयी।

''देख पारबती—तेरा घरवाला अब हद से बाहर हुआ जा रहा है। चैन से रहने-खाने का ठौर पाकर इसने पुरानी चाल फिर पकड़ ली है। आज साहब खुद इससे साफ-साफ बात करेंगे। यह ऐसे नहीं आयेगा राह पर। साल-छह माह इससे अलग रह। छोड़ इसे इसके हाल पर, जब तुम्हें ही घुला-घुला कर मारे डाल रहा है। इसे थोड़ा डराये-धमकाये बिना...।''

पारबती ने छलछलायी धुँधली आँखों से एक बार साब और मालकिन को देखा और रुँधे कंठ से बोली—''ओ एइसाई रहेगा माँ, कभी सुधरेगा नेई। हमीं लोग सब जन अपना गाँव चला जायेगा, अब। आपको एतना रोज हम बहुत कष्ट दिया माँ।''

विभा चौंकी—''और इसने वहाँ से फिर निकाल बाहर किया तो।''

''अब जो भाग में होगा, सहने होगा माँ। हमारा दो ठो लड़की जात बच्चा है-ओर ओ, इन लोगन का बाप। दिन-दिन, जल्दी-जल्दी बड़ा होता, लड़की जात बच्चा। कहाँ-किधर घूमेगा हाम एकला-लड़की लोगन को लेके-बाग-बाट, घाट-घाट में।''

अपना वाला स्कूल

"नहा लिया बेटे!"–मम्मी ने दोबारा जोर से पूछा। पर जवाब जब इस बार भी नहीं मिला तो एक जोरदार थाप लगाई दरवाजे पर–"अरे, आवाज तो दो बेटे! निकलो भी अब। भला इतनी देर लगती है कहीं नहाने में!"

"आया मम्मी–बस आया।" शक्कू ने चौंकते हुए फटाफट बदन पर पानी उड़ेलना चालू किया।

"पापा कब से हैं इन्तजार में। सभी को निबटना है। समय का इसे ध्यान ही नहीं कुछ। हद ही हो गयी।"

मम्मी की ऐसी ही बेसब्र–बदहवास आवाज रोज़ ही इस वक्त बाथरूम वाले के कानों से टकराती रहती है। उन्हें हरदम ऐसी ही जल्दी मची रहती है। जरूर फिर तवे पर भूल आयी रोटी तभी तो रोज जल जाती है–पापा भी कहते हैं। शक्कू समूचे शरीर पर लक्स की ढेरों झाग लपेटे, उन पर फिसलती नन्ही हथेलियों के खेल में

मग्न था। ममी की चेतावनी ने खलल डाला। ओह, सुबह रसोई में चैन से कभी काम नहीं कर पाती ममी। सब डिस्टर्ब करते हैं उन्हें। कभी दूधवाला–कभी महरी। कभी धोबी, तो कभी सब्जी वाला।

"अरे, अब निकल भी आ कौशिक। तू तो आज सारे ही काम रुकवा देगा रे। भला हुआ क्या है इसे–निकलने का नाम ही नहीं ले रहा–पापा बार-बार पूछ रहे हैं–समाचार खत्म हो गये। शेव भी कब का कर लिया उन्होंने।" ममी बुरी तरह खीझ चुकी थीं।

"आया ममी–बस–जरा ब्रश कर रहा हूँ।" अब कहेंगी ममी–नहाने के बाद ब्रश! उल्लू कहीं का! कितनी बार समझाया–ब्रश पहले, नहाना बाद में। उँह–ममी तो कुछ न कुछ कहती ही रहती हैं। अच्छा–कैसा होगा यह नया वाला स्कूल। पापा तो कितनी सारी बातें बता रहे हैं–उस वाले से बहुत, बहुत बढ़िया है यह–अपनी राष्ट्रीय भाषा वाला। हिन्दी में ही पढ़ाते हैं सब कुछ। और फिर बताया था–अपने देश की संस्कृत–नही–संस्कृति को भूलने नहीं देते यहाँ–सं-स्-कृ-ति–कल्चर–पापा ने बताया था–सी-यू-एल-टी-यू-आर-ई-कल्चर-सी-यू-एल...धत्त तेरे की। यह स्पेलिंग-रट्टे का समय है क्या! बस अब तो ममी दरवाजा इतनी जोर का भड़भड़ायेंगी कि टूट ही जायेगा–हद भी तो कर रहा है बच्चू तू! जरा-सा बाथ–नहीं–स्नान करने में इतना टाइम–समय लगता है कहीं। –पर जो भी हो–इंगलिश स्कूल में फर्र-फर्र इंगलिश बोलने में कितना मजा आता है ना! और स्मार्ट ड्रेस पहन कर–स्टाइल वाले तरीके से–मिस ग्रोवर–ऐसे ही तो बोलती हैं मिस ग्रोवर। लिपस्टिक–लाल–लाल–जब बोलने लगती हैं–हुँह–पर-पर स्पेलिंग-रट्टा पक्का से पक्का करा के छोड़ती हैं हमारी मिस ग्रोवर। माइंड में गप्प से बैठा ही जाता है फिर। निकल ही नहीं सकता कभी भी! इस नये वाले स्कूल में तो मेरे नन्दा भी नहीं होगा–शेखी भी नहीं–और आशू भी नहीं। सब एक साथ एक ही स्कूल में रहेंगे। बस मैं ही अलग से जाऊँगा सब से। कल स्कूल छोड़ते समय कैसा तो फूल बना रहे थे मुझे! कितना तो चिढ़ा रहे थे सब–"बुद्धू कहीं का। यहाँ से अच्छी पढ़ाई होगी कहीं! हमें सिखाता है तू! अरे साफ-साफ बोल ना कि तेरे पापा फीस माफ नहीं करा सके, हम सब जानते हैं।" दिमाग कैसा तो झनझना गया था मेरा। नीच, मेरे पापा तक पहुँचता है! जी चाहा था एक जमा

कर दूँ बच्चू को–सारी हेकड़ी निकल जाये।–पर-पर, फिर फ्रेंड्स भी तो वे ही हैं न मेरे। पता नहीं इस नये वाले स्कूल–विद्यालय में कैसे होंगे फ्रेंड्स!

इस बार–भड़-भड़-भड़-भड़–धमाका ही हुआ–''खोल अब कौशिक के बच्चे। निकल बाहर, बताती हूँ तुझे–हुई न वही बात। कित्ती देर से अपनी छाती-बाँहों को रगड़-पोंछ के बेकार लाल-लाल भी तो किये जा रहा है बच्चू।'' ममी पिटाई तो करेंगी ही अब–एक झपाटे से तौलिया कमर पर लपेट, पंजों के बल उचक, काँपते हाथों सिटकनी खींच गिरायी–खट्ट। सामने खड़ी विशालकाया तमतमायी ममी, बस, अब एक झन्नाटेदार तमाचा जड़ने ही वाली है–पर-अरे! ममी ने तो कुछ कहा ही नहीं। चुपचाप कैसी आँखों से तो देखती भर रही कि उसका मन रोने-रोने हो आया। फिर तो ममी ने बड़ी नरम-सी पकड़, उसकी सहमती-फड़कती नन्ही बाँह पर धरी और अपनी छोटी-सी बालकनी के सीमित दायरे वाली धूप के चमकते टुकड़े पर ला खड़ा किया! ''क्यों बेटे! इत्ती ठंड लग रही है तो घुसा क्यों रहा घंटों अन्दर!–अब यों काँप रहा है!''–नहीं–ममी कुछ और कहना चाहती है, कुछ दूसरी ही बात। यह तो यों ही-सा कुछ भी बोल रही है ममी। वह भी तो–वह भी तो कहना चाहता है–नहीं रोना चाहता है–फूट-फूटकर, ममी से लिपट कर–मुझे शेखी से–नंदा से–आशू से अलग करके दूसरे स्कूल में मत भेजो ममी–अलग मत करो ममी। मिस ग्रोवर मुझे बहुत प्यार करती है–फादर फिलिप से मेरे लिए हमेशा बड़ी अच्छी-अच्छी बातें बताती हैं ममी। मेरे रिपोर्ट कार्ड्स पर कितने अच्छे-अच्छे कमेंट्स लिखती है–कितनी तो अच्छी है मिस ग्रोवर–कितनी।''

''राजा बेटा–फटाफट बाँह डाल इसमें–तेरा ध्यान किधर है! पापा निकल आये होंगे नहाके। अन्दर ढेरों काम पड़े हैं बेटे–ले कंघी कर ले–यहीं धूप में–और जल्दी से जुराबें-जूते–बस टिपटॉप हो के आ जा नाश्ते पर–अच्छा!'' ममी अन्दर भागी।–मैं जानता हूँ ममी–अच्छी तरह जानता हूँ–आज तुम मुझे गुस्सा होकर नहीं भेज सकतीं स्कूल। और भी चाहे जितनी मर्जी देरी लगा देता बाथरूम में–तब भी नहीं। मैं अच्छी तरह जानता हूँ, तुम्हीं ने तो मेरा अपना वाला स्कूल छुड़वाया है–तुम्हीं ने तो। पापा से नहीं कह रही थीं

तुम उस दिन, रात में। मैं सब सुन रहा था—सोया थोड़ी था।—अगले वर्ष गप्पू को भी डालना होगा मेरे वाले स्कूल में। फिर खर्चा दुगना हो जायेगा। पहले ही पैसा पूरा नहीं पड़ता—महँगाई बढ़ रही है—बड़ी मुश्किल पड़ेगी। पापा सारे के सारे नोट हमें ही ला के तो देते हैं। अपने पास तो बस का किराया और जेब खर्च है—बस। मुझे तो तुम जेब खर्च भी नहीं देतीं—और गप्पू को भी नहीं। माँगने पर सीधा लेक्चर ही देने लगती हो—"बाहर की चीजें गन्दी होती हैं, महँगी होती हैं—अच्छे बच्चे घर की बनी खाते हैं।" रोज तो खाते हैं घर की बनी। कभी बना के दिया 'केक'! कितना तो मन ललचता है देखकर—विक्कू रोज खाता है खरीद कर। वह खराब बच्चा है क्या। वह तो मुझसे भी अच्छा है—मुझे भी और दूसरों को भी कभी-कभी खिला देता है। साथ में लंच-बॉक्स भी तो लाता है।—बस ममी ने गड़बड़ किया है सारा काम। ममी ही—ममी ही करती है—सब।

"शक्कू—ऊ-ऊ। तैयार हो गया बेटे।" ममी की मीठी टेर किचन से तैरती आयी।

"आया ममा। जूते पहन रहा हूँ।" अन्दर आया तो पापा नाश्ता कर रहे थे। ममी ने उसकी प्लेट भी पास ला रखी—साथ ही दोनों के लंच-बॉक्स भी।—पापा भी तो चुपचाप सोच रहे हैं कुछ। आज सुबह से कोई बात नहीं की है उन्होंने। —मुझसे भी नहीं—गप्पू से भी नहीं। मुझे पता है पापा—तुम्हें भी स्कूल की यह अदला-बदली अच्छी नहीं लगी है—ममी से कह तो रहे थे—"मैंने तो पहले ही कहा था कि महँगे स्कूल में बच्चे को सोच-समझ कर ही डालो।" "खाना ध्यान से खाओ बेटे।" बेहद लाड़ से बोले पापा। उसका जी चाहा—खाना-वाना छोड़-छाड़ कर जोर-जोर से रो पड़े—बिलख-बिलख कर—जमीन पर लोट-सोट कर। सब कुछ कह डाले—मन की सारी बात। पापा तो समझेंगे कुछ। ममी तो समझती ही नहीं। कितना ही चीखो। उन्हें तो बस अपनी ही रहती है। पर पापा भी तो ममी की ही बात में 'हाँ' लगा देते हैं न—सारी गड़बड़ तो यही है न।—नहीं बस—अब रोना-वोना कुछ नहीं। मन और खराब होगा चलते समय—पहले ही दिन—इस नये वाले स्कूल में। बच्चे मेरी आँखें देखकर समझ नहीं जायेंगे कि रो के आया हूँ। छि:—कितना तो खराब लगेगा ना। अजी—मैं तो रोने वाला बच्चा ही नहीं हूँ—और अब मैं बच्चा नहीं हूँ—पूरे आठ वर्ष

का हो गया हूँ–फोर्थ में पहुँच गया हूँ।

"सुनो"–पापा की आवाज–कहीं बड़ी दूर से आयी जैसे–"शक्कू की प्लेट ले आना–आधा ही मुश्किल से खा पाया है।"–फिर बेटे से कहा–"और बेटा–बस्ता-वस्ता रेडी है न सब। नीचे आ जाओ झटपट। तुझे छोड़ता उधर से ही निकल जाऊँगा।"

पापा नीचे इन्तजार में खड़े थे। ममी ऊपर बालकनी से देख रही थी। एक बार जल्दी से सिर उठाकर ऊपर ममी को देखा फिर लपककर पापा का हाथ थाम लिया। नहीं–ममी को टा-टा बिल्कुल नहीं–उनसे कोई दोस्ती नहीं अब। पर पापा का हाथ पकड़ के चलना भी ठीक नहीं लगता ना अब–जैसे गप्पू चलता है। वह तो छोटा है ना।

पाँच-सात मिनटों का रास्ता तय कर दोनों नये विद्यालय पहुँचे। पापा ने कक्षा चार का विभाग 'ख' पता किया और बेटे को अन्दर बिठा बरामदे से नीचे उतरने को हुए कि वह धीरे से पास आकर बोला–"पापा! शाम को लेने मत आना, मैं आप ही आ जाऊँगा। अच्छा!"

"अच्छा-अच्छा।" पापा मुस्काये और कन्धा छूने को उँगलियाँ बढ़ीं कि फुर्ती से वर्ग में जा घुसा–यह स्कूल है ना पापा।

पहली घंटी प्रारम्भ हुई। वर्ग-शिक्षक ने उपस्थिति शुरू की।

"क्रम संख्या एक!"

"क्रम संख्या दो!"

"उपस्थित महाशय-"

"क्रम संख्या तीन।"

"उपस्थित महाशय-"–और अन्त में–"क्रम संख्या इकतालीस–क्रम संख्या इकतालीस–कौशिक वर्मा।"–पुकार कानों से टकरायी तो झटपट उठ खड़ा हुआ।

"यस मिस-सॉरी-सर–।" कक्षा भर समवेत-हँसी।

"शान्त–बच्चो–शान्त रहो। कहो–उपस्थित महाशय-।" वह सिर झुकाए खड़ा रहा।

"बोलो कौशिक–उपस्थित महाशया।" फिर कोई आवाज नहीं। गर्दन किंचित और झुक गयी।

"अच्छा, कोई बात नहीं, कल से कहना बैठ जाओ।"

तभी अपना अपरिचित स्वर कानों में पड़ा—"उपस्थित महाशय।"

"बहुत अच्छे। ठीक। बैठ जाओ।"—गर्म होती, दपदपाती कनपटियों पर पूरी कक्षा की समवेत हँसी तीखे आघात-सी लगी।

"बच्चे अंग्रेजी स्कूल से आये हैं न।" पीछे से साफ-साफ सुनायी दिया। फिर क्या-क्या तो बताया सर ने...समझ में ही नहीं आया कुछ भी। कब घंटी लगी, कब सर गये, कुछ भी पता नहीं चला।

"समय-सारिणी लिख ली तुमने। लो, लिख लो।" कोई बायें बाजू कह रहा था। गर्दन घुमायी—"पुस्तकें ले लीं सभी।"—उसी ने फिर पूछा।

"हाँ।" घुटे गले से उत्तर दिया।

"नाम कब लिखाया।" उसने अब धीरे से कन्धे पर हाथ रखा।

"कल।" तभी एकाएक शोर हुआ—"खेल-खेल। खेल की घंटी—खेल की घंटी।" बच्चे उछल-उछल बाहर को भाग निकले।

"चल, तू मेरे साथ चल।" उसी लड़के ने हाथ पकड़ तनिक खींचा बाहर को।—अच्छा है यह, इसे ही फ्रेंड बनाऊँगा।

"तेरा नाम क्या है! हाँ-हाँ तेरा ही—तुझे ही पूछ रहे हैं।"—यह तो वही आवाज है—घरघराती—पीछे से आती—अंग्रेजी स्कूल से आने की बात वाली।—सर ने क्लास में इतने जोर से पुकारा था नाम—तब सुना नहीं था क्या।—पर ऊपर से शान्त बना रहा—"कौशिक।"

"क्या...! कौशिल! कौशिल्या!—लड़की है तू!"

दादागीरी—हँसी—बेशर्म तालियाँ।

"छोड़—पागल है यह। यूँ ही छेड़ता रहता है सब को।" कौशिक की दहकती आँखों को देख अच्छे वाले लड़के ने दिलासा दिया। "चल-उधर चलें।"

"फुलिश द ग्रेट।" अंगारे उड़ेलती दृष्टि से घूरता गुर्राया कौशिक—"मिस ग्रोवर एक ही झापड़ में टाइट कर के रख देती—फुलिश कहीं का!"

"छोड़ इसे। ऐसा ही है। हँसाता है बस। भीशम है—भीशम। इसे सब भीशम पितामह कहते हैं। चल, उधर खेलें।"

"तुम्हारा नाम क्या है!"—वह अब थोड़ा सहज हुआ।

"मेरा!—कपिल—कपिल तिवारी।"

"अच्छा, हमारे गेम-टीचर किधर हैं। प्ले ग्राउंड में तो कोई

भी नहीं।''

''हम आप ही खेलते हैं जी। कोई क्या खिलायेगा! चलो, आओ।''

शाम चार बजे छुट्टी की घंटी घनघनायी तो बच्चों के भीड़-भड़क्के से बचता-सँभलता वह गेट के पास आ खड़ा हुआ–

–अरे वाहा! लाइन-वाइन कुछ भी नहीं। दोहरा धक्का खा के एक लड़का मुँह के बल गिरा–घुटने छिल गये। –और भागो–और भागो। जैसे जेल से भाग रहे हो–डिसिप्लिन नहीं मालूम! –पर पी.टी. सर भी तो नहीं हैं आसपास। –आये नहीं होंगे आज, छुट्टी पर होंगे।

गेट से बाहर आते ही ख़याल आया–पापा को तो मना कर दिया था आने को–अब! हाँ–कपिल। पर वह तो उधर घंटाघर की ओर बता रहा था अपना घर। –ठीक है। कोई बात नहीं। अकेले ही चलूँगा। –चल कौशिक–कौशिक महाशय-महाशय-वहाशय-हुँह! विद्यालय! –तनिक ठिठका–घूमकर पीछे निगाह डाली। भर नज़र विद्यालय भवन को देखा–चाहा, जीभ निकाल, अँगूठा दिखा ऐसा नौ दो ग्यारह हो कि फिर वापसी का नाम न ले। पर–पर–अब यह नहीं हो सकता ना। कैसे तो हो सकेगा यह। –भारी सिर बायीं ओर लटक आया। बस्ते का बोझ पीठ पर लादे छोटे-छोटे ढीले कदमों से चुपचाप चलता रहा।

घर निकट आया तो ऊपर खिड़की से झाँकता ममी का चेहरा साफ दिखायी पड़ा। सिर झट नीचे झुक गया। धीरे-धीरे सीढ़ियाँ चढ़ने लगा। –पीछे से पैरों की आवाज आयी किसी के चढ़ने की। फिर तुरन्त सुनायी पड़ा–''आ गये बेटा। तुम्हारे स्कूल पहुँचा तो देखा तुम चल चुके हो।''

हुँह–तुम्हारा स्कूल–बिल्कुल मेरा स्कूल-वस्कूल नहीं कोई। –और बता तो दिया था–आप ही आ जाऊँगा–क्यों गये लेने फिर!–ऊपर से बिल्कुल मौन।

बिना पापा की ओर देखे चुपचाप सीढ़ियाँ चढ़ता रहा। –पर आज जल्दी कैसे आ गये पापा। रोज तो पाँच के भी कितनी देर बाद पहुँचते हैं। पापा। छुट्टी ही पाँच बजे होती है इनकी। फिर आधा घंटा बस में भी तो लग जाता है–और फिर कितनी दूर तो पैदल चलते हैं–तब कहीं घर पहुँच सकते हैं पापा।–तब तो जरूर ही उसे लेने ऑफिस से इतनी जल्दी आ गये पापा।

पाँव स्वत: रुके क्षण भर–और बाजू तक आन पहुँचीं पापा की अँगुलियाँ अपने आप में पकड़ में आ गयी–सुबह की तरह। –पर-पर ममी से तो बिल्कुल कोई बात नहीं, बिल्कुल भी नहीं। –क्या मैं नहीं जानता कि इतना-इतना कहने पर, इतने-इतने दिनों बाद क्यों बना के दिया केक ममी ने। –मुझसे दोस्ती रखने के लिए। पर अभी बताता हूँ मैं–सारी बात। मैं तो खा भी नहीं सका केक। कौन तो निकाल के खा गया–उल्लू–सारा का सारा। टिफिन टाइम लंच बॉक्स खोल के देखा–सारा खाली–सारा खतम। कैसे तो हँस रहे थे–मुझे भूखा रख के। –अभी चल के बताता हूँ–पापा को–सब कुछ। ममी से तो बात भी नहीं करूँगा। अब भी भूखा रहूँगा–कुछ भी नहीं खाऊँगा। सारा दिन तो भूखा रखा और डालो दूसरे स्कूल में–।

"आ गया मेरा राजा बेटा।" ममी दरवाजे पर चहकती मिली। –मारे गुस्से के फूला मुँह देख पीठ से झटपट बस्ता उतारना चाहा।

"उतार लूँगा मैं।" मुँह और सूज आया।

"क्यों बेटे, ठीक रहा न।" प्यार से पूछा पापा ने, तो पलकों पर अटकी बूँदें टपाटप चू पड़ीं। फिर धम्म से फर्श पर लथपथ बैठ, लंच बॉक्स निकाल दोनों खाली पाटों को सामने फैलाते हुए बिफर पड़ा–"केक बना के दिया था ना इतने दिन बाद। खूब खाया। पेट भर के खाया।"

"क्यों-क्यों, हुआ क्या बेटे।" पापा ने पास खींच कर भींच लिया। और वह फूट पड़ा–"पता नहीं–किसने खा लिया–मेरा–सारा का सारा–खतम कर दिया–टिफिन टाइम–खोला तो–शैतान–सभी हँस रहे थे–मैं–मैं-।" वह हिचक-हिचक के रो रहा था।

"अच्छा-अच्छा। कल मिलूँगा उनसे। कोई बात नहीं मेरे बच्चे आज पहला दिन था न।" पापा ने सिर पर हथेली फिरायी। पर उसका रुदन बदस्तूर जारी था–

"नहीं पापा। मैं–मैं नहीं जाऊँगा कल से। यहाँ ना मेरा आशू है–ना शेखी–ना नन्दा। मुझे क्यों हटाया वहाँ से–क्यों हटाया।" वह फिर बुरी तरह बिलखने लगा था।

"अब मत रो मेरे बेटे, चल हाथ-मुँह धुला दूँ। कुछ खा-पी ले, फिर आराम से बातचीत करते हैं। सोचते हैं कुछ। उठ जा, मेरा राजा बेटा।" ममी की ढेरों मिन्नत मनुहार के पश्चात् कहीं थोड़ा-सा

खाया और चुपचाप पापा के पास जा लेटा। पापा बोले कुछ नहीं। बस साथ सटा कर धीरे-धीरे थपकते रहे।

रात्रि के काज निबटा, रसोईघर की बत्ती बुझा पत्नी बेखबर सोये लाड़लों के निकट आकर बैठी तो अन्दर करुणा और वात्सल्य का सैलाब उमड़ा पड़ रहा था—"आह! दिन-भर में शक्ल कैसी जरा-सी निकल आयी है, बच्चे की।"

"हूँ-।" पति ने हामी भरी।

"शक्कू इतना महसूस करेगा—मैंने तो सोचा तक नहीं था।"

"बच्चे बड़े संवेदनशील होते हैं गीता। इतना भर तो होना ही था। स्वाभाविक था—।" तभी बेटे ने नींद से करवट ली, और एक आवेगमय, रुदनभरा उच्छ्वास बालक के फेफड़ों-पसलियों को कँपाता, हिलाता बाहर निकल आया। मानो शव ही हो—क्यों हटाया—वहाँ से क्यों हटाया मुझे—मेरा नन्दा-आशू-शेखी-। दोनों की निगाहें मिलीं—घायल विवश, छटपटाती। —और फिर घनी रात तक जाने क्या-क्या सोचते-जागते रहे दोनों।

सुबह पत्नी ने अपना नित्य का मोर्चा सँभाला—रसोई का। पति दूध लेने निकले। उदास, व्यथित-से। बेटे का रोना-कलपना अन्तर मथ रहा था। वापिस लौटे तो पत्नी को दूध की डोलची थमाते पूछा—"शक्कू उठा नहीं अभी। चाय बनाना, मैं जरा देखूँ उसे।"

कमरे में आकर देखा, बायीं करवट लेटा शक्कू जगा हुआ बड़ी-बड़ी मासूम आँखों से सामने की दीवार पर जाने क्या घूर रहा है। जैसे ही पापा दिखे, उसने झट आँखें मूँद लीं। जैसे अपने विचारों में किसी की हिस्सेदारी उसे स्वीकार नहीं।

"शक्कू! मेरे बेटे क्या बात है। उठो बेटे।" पास आकर ममताभरी हथेली सिर पर फिराने की शुद्ध भावना को किसी तरह रोका—कल की घुमड़न तन-मन पर हावी है अभी। कहीं फिर वे फूट पड़े सहानुभूति पाकर। उलटे पैरों लौट पड़े। पत्नी ने चाय पकड़ायी। साथ ही अखबार रख गयी जो अभी-अभी आया था। पर बेचैन मन टिका नहीं उस पर। मुश्किल से चाय निपटायी। चाय सिप करते उन्हें लगातार यही लगता रहा कि पापा को देखते ही शक्कू ने पलकें मूँद लीं—कोर, नन्हे-नन्हे, अवश्य भीग रहे होंगे। पापा बेटे के पास पुनः जा पहुँचे—देखा—वह उठ चुका था और अपने नन्हे मेज पर झुका

बस्ते से कापियाँ, किताबें, निकालता-रखता बड़े धैर्य से व्यवस्थित कर रहा था–जैसा पिछले दिनों किया करता था। पीछे खड़े पापा चुपचाप निहारते रहे थोड़ी देर।

''पापा...।'' ओ-तो पापा की मौजूदगी का एहसास है उसे। पापा ने सोचा। दरअसल बिना सिर उठाये, ज्यों की त्यों पुस्तकों पर झुके-झुके ही कहा था शक्कू ने।

''हाँ बेटे-।'' प्यार और ममता से सना स्वर था पापा का। शक्कू ने सिर उठाया–''पापा-पापा।'' अचानक ही अप्रत्याशित-सी थोड़ी चहक महसूस की पापा ने बेटे के स्वर में।

''बोलो बेटे।'' सिर पर हथेली टिकाते हुए कहा पापा ने।

''पापा, मुझे एक पैकेट अच्छी टॉफियाँ ला दोगे–अभी-।''

''ला दूँगा बेटे, पर करना क्या है पैकेट का, अभी।''

''मैं-मैं ना, पापा, स्कूल जाऊँगा-नये वाले। और, और राष्ट्रीय भाषा वाले स्कूल में आया हूँ ना-तो-तो सेलिब्रेट करूँगा ना पापा। नये फ्रेंड्स को, सब को बाँटूँगा।'' शक्कू मुस्करा रहा था–और अब पापा की पलकों के कोर गीले हो रहे थे।

सान्ध्यदीप

दुर्बल, धुँधलायी मोतियाबिन्दी-दृष्टि ऊपर अमरूद की झबरी टहनियों के बीच उलझी है। चित्त किसी बेलगाम घोड़े-सा यहां-वहाँ भटक रहा है।

पौष की सोंधी, सुहाती, नितान्त अपनी, दोहरी–और घने अमरूद तले का अपना मीठा गुनगुना आँगन। बस अतीत उमड़ता चला आ रहा है। खामोश लेटी कौशल्या की तंद्रिल पलकें मुँदने लगती हैं। चाँदी-से श्वेत केश-गुच्छों से घिरे दमकते चेहरे पर एक शान्तिदायक झपकी आ ठहरती है और दशकों पूर्व का वह जीवन्त आँगन सहसा साकार हो उठता है। बच्चे–अपने बच्चे, फिर उसी तरह आस-पास डोलने, मँडराने लगते हैं–वही किलकारियाँ–हँसना–रोना, पढ़ना-लिखना, बहस-तर्क, त्योहार–उत्सव कितने ही दृश्य-परिदृश्य–सब एक-एक कर निकल भागते हैं पलकों के बीच से। फिर पलक खुलते ही जाने कहाँ विलुप्त हो जाता है वह अनिर्वचनीय सुख–और शून्य

दृष्टि घनी टहनियों बीच बौराई-सी पुनः खो जाती है।–अब रोज ही होता है यह सब।

दर्जन-भर प्राणियों को लेकर चहकते रहने वाला वह सुथरा-सुव्यवस्थित घर आज भाँय-भाँय कर रहा है। पोर-पोर में रची-बसी अतीत की पकी-पुरानी गन्ध और कण-कण पर अंकित व्यतीत के शब्द, उसे कतई हिलने नहीं देते यहाँ से। इस पुराने घर से।

बच्चों के नन्हे हाथों लगा अमरूद का नन्हा बिरवा आज विशाल वृक्ष बना आँगन बीच खड़ा है–और वृद्धावस्था में जवान बेटों-सा सुखद संरक्षण-ठंडी छाँह दे रहा है। बड़ा चैन-बड़ा सुख मिलता है, कौशल्या को इसके नीचे लेटकर।

इन दिनों ठंड सहसा बढ़ गयी है–चुभती बींधती ठंड। कौशल्या को छुटकी कुमकुम का पत्र याद हो आया–पहाड़ों पर बर्फ गिरी है। वह उधर ही ब्याही है। दूर है–पर बड़ा ध्यान रखती है अम्मा का। लिखा है–

'स्वेटर वाला पार्सल पहुँच गया होगा अम्मा। माप सही निकला न। रंग तुम्हारी पसन्द का चुना है। कुछ और चाहिए तो लौटती डाक से खबर करना। ठंड कड़ाके की है–अपना पूरा-पूरा ध्यान रखना अम्मा–।' और क्या करे। लड़कियाँ दूर अपने घर बैठी ज्यादा कर भी क्या सकती हैं। चिट्ठी-पत्री तक तो भेज नहीं पातीं अपने घर-संसार में उलझी हुई।

पिछले बुधवार प्रमोद की चिट्ठी आयी थी। डॉक्टर है। बाबू जी के असामयिक निधन पर अम्मा यों मजबूती से काम न लेतीं तो उन सीमित साधनों में भला वह डॉक्टर बन पाता। आज उसकी खुशहाली से अम्मा का कलेजा तृप्त है। वह लिखता है–'दिन भर अच्छी तरह धूप लेना माँ। इस उमर में धूप की खास जरूरत होती है जाड़े में। दूध-फल, हरी-सब्जियाँ–किसी चीज की कमी मत होने देना–जितने कहो–पैसे भेज दूँ–।' अम्मा को रट जाती हैं ऐसी पंक्तियाँ। बार-बार–कितनी बार-सहला-सहला जाती है ऐसी पंक्तियाँ। अम्मा के ओठ ही नहीं–सारा मुख-मंडल, मीठी-मीठी ममतामयी मुस्कान से भीगता, देर तक दमकता रहता है। अपनी-अपनी गृहस्थी में आकंठ डूबे बेवचारे पाँचों बच्चे अम्मा को भूले नहीं हैं।

फल-सब्जियों वाला छोटा बगीचा, पिछवाड़े का अब वीरान

पड़ा रहता है। असंख्य अनुपयोगी लावारिस पेड़-पौधे अब चुपचाप उगते-बढ़ते सूखते रहते हैं। पूरबी कोने में बर्फ की डली सी श्वेत कपास खामोशी से फूलती-झड़ती-उड़ती रहती है। हाँ, मुहल्ले भर की आरती-बाती में इसका सदुपयोग कौशल्या को अवश्य बड़ा सुख देता है। हरी-काली 'काई' मढ़ी पश्चिमी दीवार से लगे खड़े सुर्ख अडसुल और हरसिंगार मौन फूलते भरते रहते हैं।

खाली-खाली आँगन-बगीचा, कभी-कभी पड़ोस के बच्चों से चहचहा उठता है और कौशल्या के अन्दर सहज वात्सल्य का स्रोत फिर उमड़ आता है।

उन दिन पड़ोस की सुधा बहुत पास आ बैठी। बातों-बातों में कहा–"यह इत्ता बड़ा पेड़, आँगन बीच तुम्हारे किस काम का चाची। हटाओ इसे। न बच्चे ऊधम मचायें, न आँगन की धूप रुके जाड़ों में–और न ही सूखे पत्ते-टहनियाँ बहोरती-बुहारती पेड़–और क्या।" कौशल्या ने चुपचाप सुन लिया। बच्चों के हाथों लगा, बच्चों-सा प्यारा पेड़ कैसे हटवा दे। इसी बहाने बच्चे आ जाते हैं–घर-आँगन चहक उठता है–और जिस आँगन में आधी सदी बितायी है उसे झाड़ना-बुहारना तो अब जीने के लिए साँस लेने जैसा है बहू–पर मुँह से कुछ नहीं कहा। यह सब ठीक-ठीक कहाँ समझाया जा सकता है सबको।

सूरज तेजी से नीचे जा रहा है। उसकी लाल-लाल बड़ी आकृति अमरूद के मोटे तनों बीच फँसती क्षितिज को ढुलकती जा रही है। आँगन ठंडा पड़ने लगा है। धूप में पसारे गर्म कपड़े एक-एक कर कौशल्या के बदन पर आ लिपटते हैं। सहसा चिट्ठियों का ध्यान हो आता है–डाकिया निकल गया होगा–पर चिट्ठी किसकी आनी थी अब। पिछले दिनों एक-एक कर सब की तो आन पहुँची–सबने फर्ज निभाया। अपनी तसल्ली की। –'अम्मा ठंड से बचाव रखना।' इसी तरह गर्मियाँ आयेंगी–बारी-बारी सभी फिक्रमन्द होंगे–'अम्मा गर्मी से बचना। लू न लग जाये–खूब पानी पीना।' –मजमून, पंक्तियाँ शब्दशः कौंधने लगती हैं मन-मस्तिष्क पर। रट जाते हैं सारे पत्र, अगले पत्र आने तक।

किस बच्चे का जन्मदिन मना। कौन वर्ग में अव्वल रहा। किसने खेल-कूद प्रतियोगिता में तीन कप जीते। कौन हफ्ते भर बीमार रहा।

किसका बदन पहले से भर आया है–कौन तेजी से लम्बा हो रहा है–ये खबरें भी अंकित रहतीं–और अम्मा सुनहली कल्पनाओं में मगन पौत्रों, दौहित्रों से मिलतीं-दुलारतीं-बतियाती, अगले पत्रों की प्रतीक्षा में फिर डूब जातीं।

दिसम्बर समाप्त हो रहा है। बारी-बारी बच्चों की शुभकामनाएँ भी पहुँची हैं–सुनहले, चमकीले आकर्षक दृश्यों और फूल-पत्तियों वाले शुभकामना-कार्ड। बाहर बरामदे पर डाकिये के पदचाप के साथ ही खिड़की से अन्दर को गिरता पत्र कौशल्या जिस उछाह से लपक कर उठाती है–वह अनुभव ही किया जा सकता है। पत्र नहीं होते वे–जैसे स्वयं बच्चे ही आ लगते हों गले। पुलक-आनन्द से तरंगित अम्मा की वृद्ध काया काँपने लगती है। किसी तरह खोलती हैं। झटपट पढ़ डालने का ममतापूर्ण निरर्थक प्रयास करती हैं। साल भर से मोतियाबिन्द ने दृष्टि हर ली है। पढ़ नहीं पातीं अब। बस, काली-नीली रेंगती पंक्तियाँ भर दीखती हैं। सो पड़ोस की किसी बहू, बिटिया से ही पढ़वाना पड़ता है जाकर।

विनय–सबसे छोटा–कनाडा जा बसा है। पर चिट्ठियाँ वैसे चुस्ती से वही लिखता है। पर इस बार कुछ देर लगी उसे। अम्मा दिनों का हिसाब जोड़ती है। इतना फासला तो कभी नहीं पड़ा। सब की आयीं। बस इसी ने देर की इस बार। विदेश का मामला है। सब कुशल हो स्वामी। कहीं बहू की तबीयत ही फिर से–। कमजोर है बेचारी। बड़ी मुश्किल से पहले जापे में जान बची थी–और कितनी तो दुर्बल थी बेबी। अब तो बच्ची पाँचेक साल की हो चली। देखो–शायद कल ही आ जाये खबर। जरूर तबीयत ठीक नहीं बहू की। –एक लम्बी साँस–और आँगन छोड़ उठ बैठीं वे।

अगले दिन डाकिया सचमुच प्रवासी बेटे का पत्र डाल गया अन्दर। पत्र की सरसराहट सुनते ही तन-मन को जैसे पर लग आये। लपक कर उठाया। हाँ, विनय की ही तो है। तुरन्त साँकल चढ़ाई और निकल पड़ी–किसे पकड़ूँ। मीता को ही देखूँ। दिन भर व्यस्त रहती है बेचारी बच्ची। शायद अब निबट चुकी हो। दोपहर बाद कहीं बैठ पाती है किताबें लेकर थोड़ी देर। माँ बचपन में ही सिधार गयीं। नानी ने पाला। पर पिछले वर्ष वे भी छोड़ गयीं तो दो अविवाहित मामाओं और दिवंगता नानी की घर-गृहस्थी सँभालने

को बस मीता ही रह गयी। वैसे तो मुहल्ले भर की सहानुभूति का सहज प्रवाह मीता की ओर था पर उन तीनों मातृ-पितृहीन बच्चों के लिए कौशल्या के अन्दर उमड़ने वाली करुणा और ममत्व का पार नहीं था। एक पैर अपने घर होता तो दूसरा मीता के। लेटे-लेटे सहसा उठ बैठतीं और मीता के जा लेटतीं। दोनों का अकेलापन मिटता। मामा साँझ ढले घर लौटते। मीता चाहती–तब तक बैठी रहें वे। नानी जीवित थीं तो दोनों वृद्धाएँ घंटों बतियातीं।–अब मीता को नानी माँ का आना अच्छा तो लगता पर गप्पों का सिलसिला न बैठ पाता। काम से झटपट निबट पुस्तकों में डूबना चाहती।

पिछले वर्ष बी.ए. फाइनल में अनुत्तीर्ण हो पुनः अध्ययन में जुटी है। पर सारी घरेलू व्यवस्था का भार सिर पर अलग। निराश है अध्ययन को लेकर। वह काम में जुटी होती–कौशल्या लेटी-लेटी भजन गाती रहतीं।

पिछली दफा छोटे ने लिखा था–'इस साल के आखिर तक स्वदेश लौट जाने की पूरी उम्मीद है माँ। आँखों के ऑपरेशन की चिन्ता न करना। उस वक्त मैं तुम्हारे पास जरूर होऊँगा माँ।'

धीरे-धीरे आँखों की रोशनी कम होती गयी और जब एक दिन बड़े अक्षरों वाली चिट्ठी न पढ़ी गयी तो मीता ने नानी माँ के प्रति यह परोपकार-व्रत स्वतः स्वीकार कर लिया–उनकी चिट्ठियाँ पढ़ना और उनके उत्तर लिखना।–कौशल्या का रोम-रोम दुआएँ देता।

"तू पिछले जनम की मेरी माँ है रे मीतू। इतना चैन, इतनी शान्ति पहुँचाती है मुझे। खूब सुख पायेगी रे! सारी नियामतें मिलें तुझे। देखना–मेरी असीस जरूर फलेगी–।"

नानी माँ का भाव-विभोर चेहरा देख मीता खिलखिलाती–"अभी पहले मुझे बी.ए. तो करा दो नानी माँ। बाद के सुख की फिर सोच लेंगे। अभी तो चक्का यहीं जाम हुआ पड़ा है–।"

"करेगी बेटा। जरूर करेगी। नानी माँ की प्रार्थना व्यर्थ नहीं जायेगी रे–।" कौशल्या का ममतापूरित चेहरा तरल, सुचिक्कन हो आता।

कमरों से आँगन और आँगन से रसोईघर तक पसरे ढेरों काज से घिरी नन्हीं गृहिणी को फिर से एक अदद नानी माँ मिल गयी थीं। अध्ययन को समय वैसे ही कम था–और न वह रुचि शेष थी। अध्ययन से जुड़े होने का सायास एक आश्वासन भर ही तो था।

ऊब कर कह उठती–"बड़े मामा का ब्याह हो और जंजाल सँभालने वाली आये। –इस तरह पढ़ाई क्या खाक चलेगी नानी माँ।"

"लगी रह–लगी रह बेटा। छोड़ना हरगिज मत।" उसकी इच्छाशक्ति को सहलातीं कौशल्या।

सभी के कल्याण की कामना–सब के लिए ममता, करुणा, दया। –और मुँह से निकला एक-एक शब्द अनुभव की आँच में तपा-पका, दिल पर सीधा असर डालता।

"दोपहर ढली रे! चलूँ अब तो। तू भी बिटिया–साँस ले ले जरा। बच्ची मेरी–सारा दिन फिरकती-सी घूमती रहती है, काम के मारे को देख-देख जी दुखता है। मुझसे भी अब होता नहीं वरना मैं ही हाथ बँटा देती कुछ। अपना तो उल्टा-सीधा निभा लेती हूँ किसी तरह। तुम हाथ भी तो नहीं लगाने देतीं न जरा भी। वरना कुछ न कुछ कर ही दूँ।"

"आह! कैसी बातें करती हैं नानी माँ। मदद मुझे करनी चाहिए आपकी इस उम्र में कि उल्टा आप–।"

"यह भी तेरा इम्तहान है बेटा। धीरज मत छोड़ना। यह धीरज ही तो पूँजी है हमारी। वरना जियें कैसे–।" मीता को अनसुनी करती आत्मलीन-सी बोलतीं उठ बैठतीं कौशल्या।

"सुखी रह बेटा–सुखी रह।" आशीषों से नहलाती श्वासों की कुछ और संजीवनी समेटे पुनः अपने सूने घर आँगन में लौट आतीं। कचोटते हृदय-तल से उमड़ी आती लम्बी आह को सायास दबाये सन्ध्या-बाती में लग जातीं। तुलसी-चौरे पर दीप रखतीं, हाथ जोड़ एक-एक की कुशल-क्षेम मनातीं–"सब पर कृपा रखना–सब की रक्षा करना स्वामी–।" फिर पुरानी लालटेन तैयार कर क्षीण लौ में किसी कोने रख छोड़तीं। मरी बिजली बत्ती का क्या भरोसा–किस क्षण दगा दे जाये–और फिर घुप्प अँधेरे में हाथ-पाँव मारते चीजें भी टूटें-फूटें और घुटने-कोहुनियाँ भी।

बड़ी कोशिश की थी–तीनों में एक बेटा तो अपने पुरखों के घर में रच-बस जाता–घर-आँगन रहता। पर बात बनी नहीं। सब अपनी भावी प्रगति की दिशा लक्ष्य कर बाहर ही दौड़े–और लड़कियाँ तो होती ही बाहरी हैं।

दिन तो किसी तरह कट जाता–पर रातें–जाड़ों की लम्बी

वीरान रातें–खत्म ही न होतीं। मध्य रात्रि उठ बैठतीं और अपनी टीसती पिंडलियों को हिलातीं-दबातीं विचारों के रेल-पेल से जूझतीं सुबह कर देतीं। लाख कोशिशों के बावजूद आँख दोबारा न लगती। स्मृतियों का ताँता नींद उड़ा ले जाता। बातें बिल्कुल कल की लगती हैं–भीतर-बाहर–स्कूल-कॉलेज आते-जाते बेटे-बेटियाँ। आज वाली स्थिति का कभी स्वप्न में भी ख़याल था क्या?

वर्षों पुरानी, पीले-धुँधले पड़ गये पृष्ठों वाली किताबें-कॉपियाँ -नाम-वर्ग-दिनांक सहित अलमारियों में सँजो-सँजो रखी हैं, अम्मा ने। स्कूल में मिले उनके इनाम की चीजें खूब सँभाल रखी हैं–ज्यों खुद अपने इनाम हों–बड़ेजतन–बड़ी ममता से उन्हें झाड़तीं पोंछतीं अपने बच्चों के बीच होने का अहसास पातीं।

उस दिन मीता सहसा बोल पड़ी थी–''नानी माँ ललिता मामी कह रही थीं कि आप कई दिनों से गयीं नहीं उनके पास। कुशल तो है। –कह रही थीं, लगता है, नाराज हैं कुछ। क्या करूँ–बच्चों के मारे बैठ नहीं पाती उनके पास। मुझे काम में लगा देख चुपचाप उठ कर चली गयीं।''

''अरे नहीं बेटा। कैसा नाराज होना। बाल-बच्चों वाली बहू, मेरे लिए कहाँ से समय निकाले। इतना तो समझती हूँ बेटा। बहुओं के पास बड़े-बूढ़ों के लिए कहाँ समय होता है। बच्चों के सौ काम निबटाने होते हैं उन्हें।''

मीता ने स्वर धीमा किया–''और... और वे कह रही थीं–उन्हें तो अब अपने बेटों के पास जाकर रहना चाहिए। इस उम्र में यों अकेले रहना–घर की देखभाल और अपना सारा काम–इन्तजाम करना कितना कठिन है। उन्हें तो अब पकी-पकाई रोटी चाहिए–सेवा चाहिए। इन्हीं दिनों के लिए तो इन्सान माँगता है बच्चे। –और कह रही थीं कि आपसे भी कुछ ऐसा ही कह बैठी थीं, जरूर बुरा लगा होगा तभी कई दिनों से आयीं नहीं, वरना रोज आती थीं।''

''तो ललिता बहू कौन माफी माँगने आ गयीं हमारे पास–चार कदम पर तो हूँ–''कौशल्या हँसी–''सच पूछो तो बेटा, गलत नहीं कहा ललिता बहू ने। वही क्यों–सभी कहेंगे ऐसा। मेरे अपने बच्चे नहीं कहते क्या! बार-बार लिखते हैं। और भरा क्या होता है उनकी चिट्ठियों में! तू ही तो सब पढ़ती-सुनाती है। कमी किस बात की

है मुझे। पैसे भेजते हैं। कपड़े भेजते हैं। सब तरफ से तो भरी-पूरी हूँ रे! बस-एक मालिक ही घर के नहीं रहे सिर पर। तो अब यह हरि की इच्छा। -बेटा, अपना ही दिल बुरा है जो कहीं और जाकर रमता ही नहीं। हफ्ते, दो हफ्ते से ज्यादा कहीं टिकता ही नहीं। बेकार में तंग करती रहूँ बच्चों को। पहले तो लेने आयें-फिर छोड़ने। मामला दूर का ठहरा। नजदीक हो तब भी कोई बात है-।''

''पर नानी माँ। आपकी यह उम्र भी तो अब यों अकेले रहने और काम करने की नहीं न। यह भी तो सोचो। साठ तक तो सरकार भी छुट्टी दे देती है कि भाई अब अपने घर जाओ-आराम करो। आप तो हरि-कृपा से सत्तर पार कर गयीं नानी माँ-।'' मीता ने बुजुर्गाना परिहास किया।

''तो क्या हुआ। हाथ-पाँव चलते हैं तो करती हूँ। और बेटा, करती हूँ तभी चल भी रहे हैं। बैठे-बैठे खाऊँ तो हजम भी न हो-भूख भी न लगे। और निकम्मी होकर बैठ जाऊँ तो सौ उल्टी-सीधी सोचती रहूँ और मन को रोगी बना लूँ। फिर यही मन का रोग देह को धार ले तो हाथ क्या आया। तू तो बेटी पढ़ी-लिखी है सब। गलत कहा कुछ!-जिसके भी पास रहने जाऊँगी-बोझ ही लगूँगी। गले पड़ा ढोल बजा तो लेगा। पर धर्म और कर्त्तव्य समझ कर सेवा-सम्मान देने वाली औलाद बड़े भाग्य से मिलती हैं बेटा। दूर से आदरमान भरी चिट्ठी भेजते हैं-स्नेह-आशीष का जवाब पाते हैं। पास के ताने-उलाहने और दिल दुखाने वाली चख-चख से तो यह कहीं अच्छा है। -अपना आँगन-तेरे नाना जी का आँगन-बड़ी शान्ति, बड़ा चैन है बेटा इस आँगन में। जहाँ भी चाहे बैठूँ-लेटूँ। जब जी चाहे तुम सब के पास आऊँ-जाऊँ। सभी इज्जत देते हो-दुआएँ लेते हो-सगे ही तो हो सब। सगापन और क्या होता है। अभी अपने हाथ-पाँव चलते हैं-पका-खा लेती हूँ। जब नहीं हो पायेगा-हरि जिस हाल में रखेंगे, रह लेंगे बेटा। पर उठते-बैठते मनाती हूँ-वह दिन कभी न आये कि बैठे-बैठे कौर तोड़ूँ और भार बन कर रहूँ। वह पचेगा नहीं रही-पक्की बात है-डॉक्टर भी तो यही कहते हैं न-।'' वृद्ध आँखों की तरलता के साथ क्षीण परिहास का यह समन्वय मीता को भीतर तक बींध गया-और मीता की आँखों की असहाय तड़प को वृद्ध दृष्टि ने छुआ तो अन्दर का जख्म आँखों की राह छूट

कर बह चला–किसी ने आगे बढ़कर कब उमगते हृदय से सच्ची मिलन-मनुहार की, कि अम्मा–हमारी प्यारी अम्मा–बस–अब तुम चली ही चलो हमारे साथ। हम अपनी सारी सुख-सुविधाओं, झूठी शान और बेतुके स्वार्थों को तुम्हारे बचे-खुचे दिनों को सुखी बनाने पर न्यौछावर कर दें–जैसा तुमने अकेले, हम इत्ते सारे जनों के लिए किया था कभी!–कब कहा किसी ने–कब कहा। –घाव आँखों की राह रिसता रहा–मौन–भीतर ही भीतर बींधता-टीसता–पर यों टीसते-रिसते जख्म पर अचूक जान कर फाहा रखना भी अब आ गया है अम्मा को। –सभी लाचार हैं बेचारे–विवश। उन्हें सौ झमेले और हजार व्यस्तताएँ। हमारा क्या है। पड़े ही रहना है–उनके बीच वहाँ–या इन सब के बीच यहाँ। एक ही बस है। मन की शान्ति सहज ही भंग न होने देना सीख लिया है अम्मा ने।

और–आज–देर बाद, दूर विलायत से विनय की चिट्ठी आयी है–क्या लिखा है–आतुर मन थिरकने लगता है। मीता की परीक्षा सिर पर है। पर सुनायेगी वही दिल से। लड़की नेक है–सुखी रहे।

जा खड़ी होती हैं उसके आँगन–"मीता बेटा! बाहर आना-।"

मीता प्रकट होती है–"आ... हा। आज तो विलायती मामा की चिट्ठी दिखायी पड़ रही है नानी माँ के हाथ में।" फुदकती-सी मीता पास आती है।

"हाँ, बेटा–सुना तो जरा पढ़ के। लिखा क्या है मेरे बच्चे ने। बहुत दिनों बाद आयी है इस बार। सब ठीक तो है–कुशल रखियों मेरे राम-।" हाथ जोड़ती बैठी अम्मा का रोआँ-रोआँ कान बना सुन रहा है। चेहरे की झुर्रियाँ विलुप्त हो जाती हैं–चेहरा लहलहा उठता है। मोतियाबिन्द धुँधलायी दृष्टि स्वच्छ-स्पष्ट देखने लगती है और दीपशिखा-सी ममता की लौ मन्द-मन्द लहराने लगी है उस दृष्टि बीच।

"मैंने कहा था न! वही बात होगी। देर तभी हुई चिट्ठी को। बहूरानी की तबीयत ठीक नहीं रहती न ऐसे में। बेचारी बड़ा कष्ट पाती है। –अब तो सब ठीक-ठाक रखना प्रभू। अच्छा बेटा–जरा कल भी समय निकालना मेरे लिए। इसका जवाब भी लिख देना। वो तो फँसे हैं घर-संसार में। सो उन्हें तो देर हो जाती है–मैं क्यों देर करूँ। मेरी समय पर पहुँचेगी तो वे भी समय निकाल ही लेंगे–अच्छा, चलूँ बेटा–सुखी रह।"

तृप्त मन लिये कौशल्या बाहर निकल आयी। बेटे की चिट्ठी हाथ में है और छाती के निकट। गलियों के बीच साँझ उतर आयी है–ठिठुरती ठंड की सन्ध्या। बायें हाथ से टटोल कर साँकल उतारी–शीघ्रता से अन्दर प्रवेश किया जैसे कोई राह देख रहा हो–ओह! कहीं बर्फ पड़ी है–जरूर बर्फ गिरी है–तभी चलती है ऐसी शीत-लहरी। –और एक-एक कर सारी खिड़कियाँ अच्छे से बन्द कर लीं–ऐसी चुभती कनकनी बूढ़ी हड्डियों में न जा धँसे कहीं। –कौन सेवा करेगा–विभू के लौटने तक तो सब ठीक-ठाक रखना मेरे राम–आँख भर देख लूँ उसका भी घर-परिवार। घर तो अपने ही देश में बनता है। बिदेस में तो सराय ही होती है ठहरने की। अब तो आ ही जाये बस। बरसों बीत गये देखे। –गला भर आया है। रुँधे कंठ से कमरे के बीच निरुद्देश्य घूमती रहीं। सन्ध्या ध्यान आया–चिट्ठी तो हाथ में ही पकड़ रखी है–और हाथ छाती से आ सटा है। ओह! आगे बढ़कर कागजातों वाली, पुरानी, लकड़ी की अलमारी का चरमराता पल्ला खोला–चिट्ठियों से भरा, टिन का चौरस छोटा-सा बक्सा निकाला और सहेज-सँभाल कर यह भी उसी में रख दी। –चिट्ठियाँ सँभाल कर रखनी होती हैं–नष्ट नहीं की जातीं–अपने बच्चों की तो कतई नहीं–अशुभ होता है। सो कौशल्या ने एक-एक चिट्ठी बड़े यत्न से सहेज रखी है। सुख मिलता है। –चिट्ठी सँभाल पल्ला ठीक से बन्द किया। फिर 'संझा करा दिया' बार ठाकुर जी के आगे शीश झुकाया–'रक्षा करना प्रभु–बच्चों की–बहू की–सब की रक्षा करना–और–और बेटा देना। इस बार बेटा देना मेरे स्वामी।'

मूल्यांकन

शहर यही जानता था कि स्वर्गवास डॉक्टर आनन्द की जननी का हुआ है। डॉक्टर आनन्द शहर के लब्धप्रतिष्ठ गरीबों के प्रात:स्मरणीय और अठहत्तर वर्षीया वृद्धा माता जी के सात पुत्रों से बढ़कर आला दामाद।

शहर टूट पड़ा था माता जी के देहावसान की खबर पर। इस श्रद्धा आदर के पीछे डॉक्टर दम्पति की माँ की छवि का अधिक हाथ था या दिवंगता के अपने संत व्यक्तित्व का–कहना कठिन था पर उनके आवास से लेकर सड़क की परली नुक्कड़ तक का जन समूह किसी अपरिचित नवागन्तुक का भी हृदय आलोगित करने को पर्याप्त था।

स्वच्छ-श्वेत अर्थी पुष्पभावनाओं से लदी थी। सम्पूर्ण आसन्न कार्यभार आत्मीय-जनों ने स्वत: अपने जिम्मे ले लिया था–जैसा कि सामान्यत: इन मौकों पर होता है। दोनों युवा बच्चे विदेश में

जिनके लिए नानी माँ बार-बार हिदायतें देती गयीं कि सूचना के साथ ही उन्हें वहीं अध्ययनरत बने रहने का आदेश भी दे दिया जाये। लोकाचार के लिए जीवन पड़ा है। फिलहाल एक ही लक्ष्य हो उनका। नानी माँ, नानी ही नहीं-माँ से बढ़कर रहीं क्योंकि हमेशा दौड़ती-भागती डॉक्टर मम्मी के बच्चों को समय दिया नानी माँ ने। उन्हें सींचा-पाला और गढ़ा। यह जुड़ाव बच्चों को कहीं हिला न दे वहाँ। मृत्यु शैया पर बड़ी शान्ति से लेटी माँ। आजीवन संचित अनुभवों के बहुमूल्य कोष के कण-कण बड़े धैर्य से थमाती रहीं बेटी-दामाद को।

पिछली एकादशी के दिन नहा-धो, ध्यान-पाठ से उठीं तो सिर घूम गया और बेहोश हो पड़ीं। डॉक्टर साहब ड्यूटी पर थे और बेटी कृष्णा अपने क्लीनिक में। महराजिन ने सँभाला और दोनों को सूचित किया। ऐसा कभी तो नहीं हुआ। पकी उम्र के बावजूद उनकी मानसिक-शारीरिक चुस्ती-फुर्ती में खास अन्तर नहीं पड़ा था सहसा यह मूर्च्छा क्यों! देर रात तक स्वजनों का आना-जाना लगा रहा। "अरे! क्यों परेशानी बढ़ाते हो अपनी। कुछ नहीं हुआ मुझे। भली चंगी हूँ बच्चो। मामूली कमजोरी है, खाते-पीते ठीक हो जाऊँगी। तुम डॉक्टर लोग बिना मतलब बतंगड़ बना डालते हो।" वे नाराज होती रहीं। पर डॉक्टर अनुभवहीन नहीं थे। विस्तृत स्वास्थ्य-जाँच का परिणाम देख चौंक-से पड़े। रक्ताल्पता उस सीमा पर थी जिसका अविलम्ब उपाय न हुआ तो कभी भी कुछ हो सकता था। यह हुआ कैसे। डॉक्टर-दम्पति के पैरों तले धरती खिसकी। अपनी व्यस्ततम् दिनचर्या में आकंठ डूबे पति-पत्नी मारे ग्लानि के बुझ-से गये।

पिछले दिनों कुछ पीली और दुर्बल शक्ल देख घर से निकलते वक्त खान-पान और उचित विश्राम की नसीहतें देते निकलते दोनों। सदा की तरह अपनी सरल-सात्विक मुस्कान से विदा करती कहतीं माता जी "अरे! अब मेरा क्या है, मोह-माया छूटनी चाहिए-बँधनी नहीं।" दुर्बलता-अनुभव का कभी क्षीण-सा स्वर भी नहीं सुन पड़ा उनके मुख से। जब देखा, किसी न किसी काज में रमी हुई-लगी हुईं किसी को नसीहतें देतीं-किसी को सुझातीं-समझातीं बस व्यस्त ही व्यस्त। यह तो अनुमान से कतई परे था कि यों खून देने की नौबत आन पहुँचेगी।

शादी के बाद आज तक बेटी एक दिन को भी माँ से अलग नहीं हुई थीं। अपनी किशोरावस्था में भरी बिरादरी के सामने बड़े आत्मविश्वास से जो प्रण लिया था उसे बड़े जतन और कुशलता से पूरा भी किया। ईश्वर ने आन रख ली थी। विधवा सुमित्रा को ब्रज आनन्द के रूप में दामाद नहीं, बेटा मिला था। जिसने माँ-बेटी को कभी अलग नहीं होने दिया।

महराजिन गोमती डॉक्टरों के सामने आ, बड़े भोलेपन से बोल पड़ी थी–"माता जी को अब जियादा बरत-नेम माफिक नहीं आवेंगे डॉक्टर साहेब। बिगैर चाह-पानी के घुटने-घुटने दोपहर चढ़ि आवत है। ध्यान-संझा में बैठत रहैं तों एकदमै सुधि बिसर जात है। अब उमिर भई इन्हकी-डॉक्टर साहब सहित हितैषियों ने बहुतेरा समझाया–पर इस निस्सार संसार में कुछ और अतिरिक्त साँसों के, अपने शरीर में अब बाह्य रक्त-प्रवेश उन्हें कतई स्वीकार न हुआ-बस एक ही टेक–"जाने किनका रक्त होगा किन-किन आहार-विहारों का! बहुत जी चुकी बच्चो अब और कैसा लालच! उमर बची होगी तो खाते-पीते बन जायेगा खून। बस–अब और ना कहना। करवट फेर, आँखें मूँद लीं उन्होंने।" और फिर अन्तिम तीन दिवस, सिवा शुद्ध गंगाजल और फल-रस के कुछ नहीं डाला मुख में। उनके सभी सत्संगी भाई-बहन आ जुटे और धूप-दीप-आरती के परम पवित्र वातावरण में धर्म-ग्रन्थों का अनवरत पाठ चलता रहा।

सुमित्रा जब विधवा हुई थीं, कुल बयालीस की थीं, आगे थीं दो पुत्रियाँ–बड़ी 'दर्शना' और छोटी 'कृष्णा'। दर्शना के विवाह को दो वर्ष हुए थे और गोद में था नन्हा शिशु, जब पिता के आकस्मिक निधन पर बिलखते पहुँची थी। माँ का यह भीषण दुःख बँटाने। छोटी दबंग कृष्णा, पन्द्रह वर्ष की किशोरी, नौवीं की होनहार छात्रा थी। पिता के असामयिक निधन का लाडली बाला के मन-मस्तिष्क पर ऐसा प्रभाव पड़ा कि आँसू तक न निकले, बस पत्थर बनी फटी-फटी आँखों लोगों का ताँता आता-जाता देखती-सुनती रही। 'आह, यह तो कहर ही टूटा है लड़कियों की माँ पर। बेचारी की उमर ही क्या थी अभी। ऊपर से कोई बेटा नहीं। दोनों ही बेटियाँ पराया धन। चलो एक तो पार लगा गया जाने वाला, पर दूसरी ब्याह लायक सामने खड़ी है बेचारी ...।' यहाँ-वहाँ खड़े-बैठे समूहों के सम्भाषण का

प्रारम्भ बस इसी 'बेटियाँ' बिन्दु से होता 'अब आगे और पढ़ना-बढ़ना कहाँ हो पायेगा बच्ची का। अब तो जैसे भी हो, सुमित्रा माई छोटी को भी पार लगा दें ..।' चौथी को अस्थि-संचय के तत्काल बाद ही लोगों के स्वर फूटने लगे थे। "हाँ, भैया रहते तो स्कूल भेजते चाहे कॉलेज पर अब तो उचित यही होगा कि ...।" बड़े देवर मदन लाल ने छोटी को पार लगाने वाली बात के समर्थन में कहना चाहा।

"और क्या! हमारे संग चलें भाभी। यहाँ अकेली कैसे रह पायेंगी दोनों! हर तरह की जोखिम, चर्चा अलग, ऊपर से खर्चे की बढ़ोतरी अलग। हमारे रहते हुए कोई तुक है यहाँ अकेले रहने का!" गाँव वाले संयुक्त घर-परिवार, खेत-खलिहान की सार-संभार करने वाला कृषक भाई छोटा पवन लाल बड़े आत्मविश्वास से बोला। 'क्रिया-कर्म' से निवृत्ति के बाद मृतक की विधवा और उसकी अवयस्क बेटी के भविष्य का प्रश्न भाई-बहनों के समक्ष बार-बार उभर कर आ रहा था। उनके एकतरफा निर्णयों को छलछलाती आँखों चुपचाप सुनती, मौन ही रही सुमित्रा। ऐसे ही तो होते हैं परिवार-समाज के न्यायालय के फैसले। स्वर्गवासी कुन्दलाल के भाइयों के रहते-जिन्हें सदा अपने बेटों-सा समझा-माना, सुमित्रा भाभी और कृष्णा बेटी यों अकेली रहें। प्रश्न पैसों का भी था। भैया नौकरी पर यह दो-तीन कमरों का मकान अवश्य बना गये शहर में। पर नकदी जमा-पूँजी तो कुछ भी नहीं निकली न अन्दर से। निकलती भी कैसे! गाँव वाले ढहते घर, खेती-बारी और भाई-बहनों को ही व्यवस्थित करने में जुटे रहे अन्त तक। छोटे पवन को शहर की चाकरी से अधिक अपने गाँव-खेत की हरियाली और जिन्दादिली ने खींचा तो उसे उसी योग्य प्रशिक्षित किया और सँवारा।

आसन्न विधवा सुमित्रा, सूनी आँखों-सूनी माँग, धरती में समा जाना चाहती थी। माँ-बेटी को लेकर इतनी चिन्ता, इतने विचार! सभी इकट्ठे जो हैं। इस बड़ी समस्या का हल ऐसे में ही तो सम्भव है। फिर सब के बिखर जाने पर मुश्किल ही तो होगी। किसी न किसी का स्वर बार-बार उभरता। आज एक बेटा होता। छोटी सुनती रही-समझती रही और हठात् ऊँचे स्वर में बोल पड़ी, "मेरी और माँ की इतनी चिन्ता आप न करें। मैं पन्द्रह की हो चुकी हूँ आप सब की दया से काफी जान-समझ सकती हूँ। अगले साल दसवीं

कर लूँगी फिर आगे की पढ़ाई भी करूँगी। अपने पैरों खड़ी होकर अपनी माँ की...'' बड़ी बुआ ने टोका।

''अरे मेरी बिटिया, कितना ही खड़ी हो अपने पैरों, घर तो बेटा अपने जाना ही पड़ेगा माँ को छोड़कर। तुम लाख दिलेर बन जाओ, बेटा थोड़ा ही बन जाओगी उसकी।

''यही तो कहना चाहती हूँ मैं बुआ जी, आप आदरणीय जन बार-बार माँ को, कृपा कर बेटे की याद न दिलावें। क्यों नहीं बन सकती मैं अपनी माँ का बेटा!'' चेहरा तमतमा उठा-''मैं दिखा दूँगी बेटा बन कर और आप मान जायेंगे एक दिन। बस मेरी इतनी प्रार्थना है, अपने दुर्बल सुझावों से हमारा आत्मबल न डिगायें, आपका बड़ा एहसान होगा।''

बिरादरी स्तब्ध रह गयी। बालिश्त भर की छोकरी और जबान इतनी लम्बी।

''अरे, तो तेरी माँ के पास खजाना गड़ा है कि पहले तुझे बेटों-सा पढ़ाये-पाले, फिर झोली भर-भर तेरे ब्याह में उड़ेले। बिटिया, बेटी तो फिर बेटी है। लाख पढ़-लिख ले-लाख खट-कमा ले।'' छोटी बुआ ने भी अपनी भड़ास निकाली।

''जी नहीं, मेरे ब्याह में माँ का खर्च नहीं होना है कुछ भी।''

''क्यों! ब्याह नहीं करना तुझे!''

''मैंने इनकार नहीं किया बुआ जी, पर अपने पैरों खड़ी होकर ब्याह करूँगी। आज माँ का हाल देखो। यह हाल तो न होगा। और शादी उससे करूँगी जिसे माँ के पैसों की नहीं, मेरी जरूरत होगी। साथ ही, मेरी माँ हमारे साथ रहेगी, यह बात उसे सदैव स्वीकार होगी।''

''ऐसा तो कौन महापुरुष तुझे मिलेगा बिटिया।'' बड़ी बुआ की तिक्त वाणी ने लड़की को तिलमिला दिया। आँखें छलछला आयीं।

''असम्भव नहीं बुआ जी। समाज के सोचने का ढंग बहुत बदला है, जो दादी माँ का जमाना था, वो आपका नहीं रहा, जो आपका है वह हमारा नहीं रहेगा। बस आपका आशीर्वाद चाहिए, फिर आपको चिन्ता नहीं होगी हमारी।' बच्ची हाँफ उठी थी। बिलखती हुई माँ ने वाचाल पुत्री के दामन का छोर खींच चुपाना चाहा तो बड़ी दर्शना ने धीरे-से माँ को सँभाला और फुसफुसायी-''नहीं माँ, रोको मत। उसे कह लेने दो।'' फिर एक-एक कर, आगे-पीछे, सभी अपने-अपने

घरों को लौटे। लौटना ही था। हफ्ता-दो अधिक ठहर अन्ततः दर्शना भी पति के साथ रवाना हुई तो भाँय-भाँय करते कमरों में लौट सुमित्रा कराही–"रास्ता दुर्गम है बेटा, पार कर पायेंगे।"

"पार कर पायें या नहीं माँ, उन सबके बीच रो-रो कर प्राण त्यागने को तुम्हें नहीं छोड़ सकती। दस ही दिनों में देख ले क्या हालत बना डाली है सबने। एक तो भगवान की, भाग्य की जो कह लो मार, ऊपर से सब की उल्टी-सीधे चुपचाप सुन-सुन बस रोये जाओ-रोये जाओ। क्या तमाशा है। सुख-सुख कर बेमौत मर जाओ। चैन से चुपचाप अपना दुख भूलने तक नहीं देते ये सगे बिरादरी वाले। हितैषी बनते हैं। नहीं चाहिए किसी को सहायता और सलाह। न आये कोई हमारे पास हमें रुलाने। अपनी दया अपने पास रखें, हमें ईश्वर की दया चाहिए, बस।"

"नहीं बच्ची, ऐसा नहीं कहते। हमारा दुख बँटाने ही आते हैं बेचारे। भला ही चाहते हैं सब।' माँ ने आँखें पोंछी।

"यह अच्छा दुख बँटाना हुआ! बस एक ही रट आज एक बेटा होता-आज एक बेटा होता-अरे, बेटियों वाली ने तो कभी नहीं लायी जबान पर बेटे की बात। जताया तक नहीं कभी। तुम्हें ही इतना कष्ट क्यों हो रहा है, बेटी जवान है, बस ब्याह डालो, जल्दी ब्याह ही डालो, नहीं फेंक डालो। अरे वाह, अच्छा मजाक है।" गुस्से से काँपती बेटी के तेवर देख सुमित्रा उठी और चुपचाप काम में जा लगी। यह इसके भीतर से कौन बोल रहा है स्वामी! तू ही रक्षक है। एक लम्बी आह निकल पड़ी अन्तर से।

दिन-महीने और वर्ष भी बीते। धुन की पक्की कृष्णा इक्कीस की होते-होते डॉक्टर बन बैठी। माँ, दादी और उसकी अपनी लगन और एकाग्रता ने लक्ष्य प्राप्ति के द्वार जैसे बढ़-बढ़ कर खोले। छात्रवृत्तियों ने राह सुगम कर दी। सरकारी-सेवा को भी ज्यादा प्रतीक्षा नहीं करनी पड़ी और सबसे बड़ी उपलब्धि कि एक दिन वहीं मिल पड़े डॉक्टर ब्रज आनन्द–छह माह की मातृहीना बच्ची के विधुर पिता। जिन्हें विवाह के ठीक डेढ़ वर्ष बाद दुर्भाग्य से प्रसव के दसवें दिन ही पत्नी छोड़ गयीं। पहचान बढ़ी, फिर माँ की उपस्थिति में भी विवाह के मसले पर विस्तृत बातें हुईं। माँ की तृप्त अनुमति मिली और ब्याह हो गया। दान-दहेज और दिखावे की जगह इस विवाह

के आधार थे–सिद्धान्त और व्यक्तित्व की पहचान। सगे-सम्बन्धियों ने मुँह बिल्कुल भी नहीं मोड़ा पर खुल कर शामिल होने जैसा भी नहीं रहा। ''ददिहाल का इससे बड़ा अपमान और क्या होना था कि कल की पैदाइश छोटी ने सब की अनसुनी कर माँ को अपने रास्ते चलाया, शहर में ही रहीं इक्कीस-बाईस की उम्र तक कुँवारी और पढ़ती रहीं--शादी भी तो अपनी मर्जी से–और दुहेजु ही नहीं, एक सही सलामत बच्ची के पिता से। सुमित्रा की तो 'मती' उसी दिन मारी गयी जिस दिन भरे आँगन लड़की की बड़ी-बड़ी बातों को इसने मजे से हजम कर लिया था। अब देखते हैं, कै दिन गुजर होती है, बेटी-दामाद के बीच।'' बड़ी बुआ ने अपने भाई-बहनों के बीच गुबार निकाल सुख महसूस किया।

विवाह के सप्ताह भर बाद ही डॉ. कृष्णा आनन्द ने मातृहीना अबोध बच्ची को उसकी ननिहाल से बुलवा कर अपने विशाल ममतापूरित अंक में भर लिया। पति ने देखा और चैन से नेत्र मूँद लिये। वर्ष भर बाद ही बेटा आया–स्वस्थ, सुन्दर और बहन-भाई की शक्लों में साम्य इतना कि उनके सहोदर न होने की कोई कल्पना भी न कर सके।

शिशुओं की सारी जिम्मेदारी नानी माँ ने अब स्वयं अपने हाथों ले ली। डॉक्टर कृष्णा ने जाना ही नहीं कि पलते-बढ़ते बच्चों की परेशानियाँ क्या होती हैं। आह माँ की ठंडी-मीठी छाँह तले कितना राज किया, बच्ची की बच्ची ही नहीं रही-निश्चिन्त और तेज-तर्रार। श्रेय सारा डॉक्टर साहब को है इतनी समझ-इतना सन्तुलन। उठते-बैठते माता जी भर मुँह, दामाद के गुण बखानती।

''बिटिया तो तीखी है मेरी, बस दामाद देवता स्वरूप निकला। कोई अच्छे करम किये थे, प्रभु ने लाज रख ली उत्तर मिलता–क्यों? बेटी नहीं आपकी देवी स्वरूपा जिसने ब्याह के सातवें दिन से नन्ही बच्ची को कलेजे से लगा उसी लाड़-प्यार से बड़ा किया, पढ़ाया जैसे लड़के को।''

माता जी हाथ जोड़ धीमे कह उठतीं–''हाँ वही रक्षक वही दाता सब का।''

चौथे दिन ब्रह्ममुहूर्त वेला में माता जी ने चुपचाप, बड़ी शान्ति से जाने किस वक्त प्रयाण किया। पौ फटी तो विदित हुआ। देखते-देखते

सारा नगर आ जुटा। बस उनकी बातें-उनकी यादें-उनके दान-उनके सद्कार्य।

दोपहर तक छोटे चाचा और छोटी बुआ भी आ पहुँचे थे। बड़ी बुआ और बड़े चाचा वृद्ध और अस्वस्थ थे सो बेटों को भेज दिया था। सूचना सबको भेजी जाये–बार-बार कहा था माता जी ने।

काज-क्रिया के साथ कंगाल-भोज और दान-दक्षिणा का विशिष्ट आयोजन था। वे सारे भिखारी पंगत में आ जुटे थे जिन्हें माता जी भर-भर हाथ भोजन-वस्त्र दिया करती थीं–आज बेटा ब्रज दे रहा था–बेटी कृष्णा दे रही थी। दोनों चेहरे सात्विक तरंगों से दीप्त और आँखें नम थीं। ब्रज आनन्द लपक-लपक कर दे रहे थे–कोई छूट न जाये–सबको मिले। कार्य सम्पन्न हुआ तो आकर वृद्ध चाचा जी और वृद्धा बुआ जी के निकट आ बैठे जो मलिन मुख चुपचाप बैठे, देख सुन रहे थे–"क्यों बेटा, आपकी माता किस उम्र में गयीं।" बुआ जी ने दामाद से पूछा।

"वो तो बुआ जी, पैंतीस की भी नहीं थीं-बहुत छोटा था मैं। बड़ी धुँधली-सी यादें हैं–पढ़ना भी नहीं शुरू किया था अभी। बस अचानक हैजा हुआ और एक दिन में ही–और बड़े होकर मैंने ठान लिया–बनूँगा तो डॉक्टर।" थोड़ा रुक कर लम्बी साँस ली और आगे बोले–"मैंने तो जी आज ही जाना है कि अपनी माँ का जाना क्या होता है।"

सेहरा

माँ अपने को फिर नहीं रोक पायीं और मेरे दहलीज लाँघते न लाँघते एक बार फिर वही हिदायत दे डाली–"देखना बेटा, वहाँ जरा सँभल के। हुड़दंगबाजी से बचना-बचाना।–सभी बच्चे हो–और डैम पर जा रहे हो–हाँ!"–यद्यपि इस बार उन्होंने किंचित दबे स्वर में–कि मुझे खल न जाये–ऐसे कहा। पर मैं कुछ खीझ ही गया–"च्च्–अच्छा बाबा। अब सारी जिन्दगी मुझे आठ वर्षीय अन्नू ही समझती रहोगी तो कैसे काम चलेगा ममा–!" कहता पीठ किये तीन चार कदम आगे बढ़ गया। पर ज्यादा नहीं बढ़ पाया। रुका, और घूम कर वापिस दहलीज पर खड़ी माँ के सामने जा खड़ा हुआ। माँ की आँखों में इतना कुछ था कि मैं सीधे सामना नहीं कर पाया और जैसे खुद को ही बहलाने की कोशिश की–'थो ऽ ऽ ड़ा, बे-फि-क-र रहने की आदत डालना अब शुरू कर दो मम्मी।–एक दस-बीस किलोमीटर नहर किनारे पिकनिक

को भेजते इतनी चिन्ता करोगी तो कल फ़ौज में कैसे भेज पाओगी ममा। मैरिट लिस्ट निकलते ही अगले माह आई.एम.ए. ज्वायन करने जा सकता हूँ। वहाँ कैसे-कैसे संघर्ष, कैसी-कैसी परीक्षाओं में से गुजरूँगा–और तुम ऐसे ही दुर्बल बनी रहोगी तो–तो बड़ी परेशानी में पड़ी रहोगी ममा।' मैंने अपनी हथेयिलों में बड़ा मीठा आश्वासन भर माँ के कन्धों पर धर दिया था-धीरे से। तब माँ की आँखों में एक चमकीली तरलता उभर आयी थी–"अच्छा-अच्छा। अँधेरा घिरने से पहले-पहले पहुँच जाना बिल्कुल–।" माँ निहायत मधुर मुस्कायी। मैं मुक्त हो कर हँसा और सड़क पार हॉर्न पर हॉर्न ठोकते बेदी के पीछे उसकी मोटरसाइकिल पर जा लदा।

जब भी कहीं बाहर जा रहा होता हूँ मैं–माँ को इसी प्रकार अतिरिक्त भावुक होते देखता हूँ–इतना, कि मन गद्‌गद और पुलकित होने की बजाय पीड़ित हो उठता है। क्यों करती हैं माँ इतनी चिन्ता! –यही प्रश्न सीधा-सीधा माँ से करने पर माँ ने मुझे बड़ी सरलता से निरुत्तर कर दिया था–"करती-वरती कुछ नहीं रे अन्नू–बस, हो जाता है।"–और उसी सरलता से उठ कर अन्दर मेरे लिये नाश्ते की प्लेट लाने चली गयी थीं। आगे बहस जारी रखने का मेरे पास कोई सूत्र नहीं छोड़ा था। मैं रोज देर तक गप्पें मार कर मित्रों के बीच से उठ कर एक अपराधबोध का स्पर्श लिये जब घर में घुसता और सीधा माँ के पास जा खड़ा होता तो पाता कि अक्सर भोजन का वक्त काफी पीछे छोड़, विलम्ब से घर पहुँच पाने की मेरी आदत से परिचित होने के बावजूद उन्होंने न खाया होता, न आराम कर रही होतीं। दोस्तों से बहस करता–आता, उसी मूड में माँ से भी इसी बात को लेकर बहस छेड़ बैठता कि टेबल पर मेरा खाना ढक के वे स्वयं खा-पीकर आराम क्यों नहीं करतीं।

"अच्छा-अच्छा, सुन लिया। अब पेट में डाल कुछ। गप्पें मारते गाल पिचका लिये।–पेट तो खाने से ही भरेगा न!"–फिर दोनों साथ बैठ खाना खाते। खाना खाते हुए मैं, माँ को सारी बातें बताता। एक-एक शब्द को पीतीं वे, मेरे चेहरे को देखती रहतीं –यों, कि मुझे भ्रम होता–वे सुन जरा भी नहीं रहीं–बस देख भर रही हैं–मुझे सिर्फ–। अक्सर वे कहतीं "तू छुट्टियों में घर हमारे पास नहीं, दोस्तों

के पास आता है।'' और मैं इस बात को कतई स्वीकार न करता हुआ बहस पर उतर आता। अगले ही मिनट माँ हथियार डालतीं उठ बैठतीं, ''अच्छा बाबा। चल उठ, कपड़े बदल अब।'' –या ''अब हाथ-मुँह धो ले।'' –या फिर –''पहले पेट में तो डाल कुछ–।''

कल सुबह नाश्ते के बाद नौ बजे का निकला अपराह्न तीन बजे घर में प्रवेश कर माँ को सूचना दी कि खाना निखिल दत्ता के घर हो गया–कि दत्ता आंटी ने साग्रह खिला दिया–और आज के विलम्ब का कारण केवल गप्प बाजी न होकर उस पिकनिक की पूर्व तैयारी भी थी जिसके लिए कल सुबह सात बजे चल पड़ना है।–जैसे स्कूल के दिनों जाया करते थे।–मित्र भी सारे लगभग वही थे–स्कूली दिनों के जिगरी दोस्त–बी.ए. की और साथ ही आई. एम.ए. (इंडियन मिलिटरी एकेडमी) की परीक्षाएँ देकर परीक्षा फल एवं मेरिट-लिस्ट की प्रतीक्षा में बैठे। माँ को सब कुछ पता था। रोज वे ही बातें आकर माँ को भी बताया करता, जो अपने भविष्य को लेकर हम मित्रों में चलतीं–परीक्षा-फलों और प्रतियोगिताओं की बातें–सैनिक और प्रशासनिक पदों की बातें–कैरियर और भविष्य की बातें। माँ काफी पढ़ी-लिखी थीं और सब कुछ ध्यान से सुनतीं, समझतीं समुचित राय दे सकती थीं। बावजूद इसके कभी-कभी वे मुझे बाबा कबी-सी निरक्षर–पर किसी दिव्य ऊँचाई पर नजर आने लगती थीं–और ऐसे विरोधाभासी क्षणों में सारी बहस-वहस भूल मैं अन्तर्मुखी हो जाया करता।–कुछ ऐसे ही क्षणों में माँ ने पूछा–तो–कौन-कौन जा रहे हो पिकनिक पर!

''कौन-कौन क्या! हमीं सब जने, सभी दोस्त साथ जा रहे हैं।''

''नाम बताओ सब के–।'' लगा, पाँचवें वर्ग की परीक्षा की तैयारी करातीं, माँ मुझसे राज्यों के नाम पूछ रही हैं।

''ओह ममा–च्च् वे ही हैं सब–'' मैं भी पाँचवीं का छात्र बना बायें हाथ की अँगुलियों पर दायें की तर्जनी रखता गिनाता चला–''निखिल दत्ता, पुनीत पालेकर, प्रदीप जोशी, गुंजन रेड्डी, अनवर अब्बास, धरमिन्दर बेदी–और–सातवाँ–मैं–अनूप तनेजा–ठीक है अब!''–मैं पलकें झपकाते हँसा। माँ निहायत बारीक मुस्कायीं और अगला प्रश्न आया, जा कहाँ रहे हो!–मैंने माँ की आँखों को पढ़ा और मासूम बनता बोला, कैनेडा डैम...।

"वहाँ तैरोगे भी!" माँ को मेरी यह दुर्बलता–हॉबी पता थी। छुट्टियों में शायद ही किसी दिन स्वीमिंग पूल का प्रोग्राम छूटता। हम चार तो पुराने खासे प्रतियोगी थे–बेदी, अब्बास, रेड्डी और मैं। जोशी और पालेकर ने इन्हीं छुट्टियों में हमसे सीखा था–अभी नये थे।–दत्ता लगभग कोरा था।–और इसीलिए पिकनिक की योजना बनाते अब्बास ने दत्ता को छेड़ा था बीच में–यार हम तो तैरेंगे और निखिल मियाँ किनारे से बाँसुरी वादन पेश करेंगे।

"नहीं रे, इस बार सीख ही लूँगा।" वह बाँसुरी-से मीठे सुर में ही बोला था।

"वहाँ तैरोगे भी जरूर –!" माँ ने फिर पूछा। "हाँ ममा लेकिन अब इतनी मामूली बातों को लेकर आप–!" "–जा किसमें रहे हो!" माँ का स्वर और चेहरा निरपेक्ष और सपाट लगा मुझे इस वक्त। पर वास्तविकता मैं समझता था। "पालेकर की कार है न। उसके डैडी बॉम्बे गये हैं–कार ख़ाली है अभी–।"

"चलायेगा कौन!"

"ममी, हद हो गयी, सब को तो आता है चलाना। वैसे कार पालेकर की है तो नेच्युरली वही ड्राइव करेगा ज्यादा–बस! अब निश्चिन्त हो जाओ ममा–।" माँ फिर चुपचाप किचन में चली गयीं। मैं कपड़े बदलते सोचने लगा था–क्या सभी माँएँ–सबकी माँएँ ऐसे ही...!

मैं इधर स्कूल से निकलने के बाद दत्ता आंटी–निखिल दत्ता की माँ से ही बेतकल्लुफी से मिलता और बातें करता था। मैं ही नहीं–सभी दोस्त। हम उसके घर ठाठ से धड़धड़ाते प्रवेश करते। आंटी हाथ का काम छोड़, बड़ी उदारता से हमारे सत्कार में लग जातीं–साथ-साथ बड़ी रुचि और प्यार से बातें करतीं। सिर से पाँव तक वात्सल्य-मंडित नजर आतीं–माँ की तरह। जोशी और अब्बास के घर शहर के भिन्न छोरों पर थे। उधर कम ही जाना हो पाता। वे स्वयं शहर के मध्य आ निकलते। रेड्डी की माँ हिन्दी साफ बोल-समझ पातीं और मुस्कराती हुई बातें सुनती रहतीं। पालेकर की माँ कामकाजी महिला थीं–प्राध्यापिका थीं–सो उनके पास समय कम होता। रहा बेदी–उसके यहाँ का कुछ कृत्रिम-सा आभिजात्य हमें बाँध न पाता! हाँ निखिल दत्ता की सब्जी काटती-छौंकती-गुनगुनाती

मम्मी–हमारे बीच भी बैठ कर चाय पी लेतीं–सब के हाल-चाल पूछतीं-कहतीं सब को ममत्व में समेट लेतीं। किचन को जाती माँ को देखते सोचा–दूसरों की तो नहीं जानता–दत्ता आंटी तो जरूर ऐसी हैं–कुछ इसी किस्म के प्रश्न पूछने वालीं।

नाश्ता रखते माँ ने फिर पूछा–''और कल दोपहर का खाना!–साथ के लिए क्या बना दूँ!'–अन्दर नाश्ता बनाते माँ ने सोचा होगा, जैसे स्कूली दिनों में खुशबू फैलाते मसालेदार सूखे आलू-मटर या फिर काबुली चने–साथ उड़द-दाल की खस्ती कचौड़ियों वाला बड़ाभर डब्बा सहेजे दौड़ता-लपकता मोड़ पर स्कूल बस पकड़ता था–कुछ वैसी ही तैयारी इस कल वाले पिकनिक की भी–शायद–।

''ना-अ!–नहीं।'' मुँह में मठरी का टुकड़ा डालते हुए मैंने कहा–''खाना नहीं खा लेंगे ममा, नहा-धो कर। कई अच्छे रेस्टोरेंट बन गये हैं अब, बाँध के ऊपर।''

तब से सुबह रवाना होने तक घुमा-फिरा कर माँ ने एक ही बात कई बार दुहरायी थी कि घर से दूर पिकनिक के माहौल में बच्चे बिना मतलब हुड़दंगबाजी मचा बैठते हैं–इससे कतई दूर रहना चाहिए–कि पास शिक्षक या अभिभावक के न होने पर बाज लड़के बिल्कुल शेर हो जाते हैं–फिर आगे-पीछे का ध्यान नहीं रहता–कि तुम सब के सब न बालिगों में हो न बच्चों में–वगैरह-वगैरह।–और इस तरह हम बीस वर्षीय नवयुवकों को दृढ़तापूर्वक हाथ पकड़ कर माँ ने बालिगों की पाँत से अलग ला खड़ा किया था। माँ की बोलती आँखों में झाँकता मैं फिर कोई तर्क नहीं दे पाया था।

पीछे मुझे लिये, बाइक घर्राते बेदी चिल्लाया–''यार, जित्ती देर में तू रब को मत्था-वत्था टेक के घर से निकला है ना, मैं चार दफे पालेकर के–आना-जाना कर लेता।''

हॉस्टल में वह मेरी इस आदत से वाकिफ़ था और अक्सर पास खड़ा तत्क्षण स्वयं भी बड़ी श्रद्धा से मेरी अलमारी में स्थापित रामदरबार को मत्था टेकता हुआ बाहर निकलने का उपक्रम करता पुनः घूमता और एक जोरदार फौजी सैल्यूट अलमारी के सामने पेश कर होटों से सीटी बजाता बाहर निकलता। उसकी अतिशयोक्तियों में कही गयी अधिकांश बातें-हरकतें खासी मनोरंजक और गहरी होतीं।

''चल, बढ़ा। कोई देर-वेर नहीं हुई।'' मैंने जमाया। ''उसने

पॉजिटिवली सात तक पहुँच जाने की बुलन्द घोषणा की थी यार मेरे। याद है कि नहीं!''

''चल भी यार–बातें बड़ी बनाता है तू–।''

सब के एकत्र होने और पालेकर के घर से निकलने में वक्त नौ का हो गया था और डैम पर पहुँचते पूरे दस।

हम इस पिकनिक का भरपूर लुत्फ़ उठाना चाहते थे। इस तरह इकट्ठे यह सम्भवतः हमारी आखरी पिकनिक हो। फिर किसकी नियति किसे किधर को ले जायेगी–किसे मालूम।

सबने साथ की चौड़ी नहर में नहाना–तैरना तय किया। अब्बास, रेड्डी और मैं पानी में सबसे पहले उतर आये। पालेकर और जोशी नये तैराक थे–उतरने की तैयारी में लगे थे। उधर बेदी अपने केश पानी से बचाने के लिए सिंथैटिक कैप मढ़ रहा था सिर पर–गुनगुनाता। निखिल हमारे उतरने के साथ-साथ सावधानीपूर्वक किनारे पाँव उतार रहा था और धीरे-धीरे घुटनों तक पानी में खड़ा सोच रहा था शायद कि पहले नहा डाले कि पहले तैरना सीखे–। हम तीनों ने चुहलबाजियों के साथ तैराकी प्रारम्भ कर दी–। मुश्किल से एक मिनट बीता होगा कि बीसेक हाथ दूर गहरे पानी में गोते खाता निखिल चिल्लाया–'अ-नू ऽ प–ब–चा ऽ ऽ ।' दरअसल उसका पैर आगे की गहराई में जा पड़ा था जिसका अन्दाजा उसे नहीं था। गनीमत थी अभी सिर चेहरा ऊपर किये मुँह से पानी उगलता किसी तरह बोल पा रहा था–'प्लीज हेल्प मी...।' और हाथ दोनों ऊपर कर रखे थे। निकटतम होने के कारण मैं लपका और उसकी एक बाँह पकड़ खींची, पर मेरे निकट पहुँचते ही उसने बड़े स्वाभाविक ढंग से अपनी दूसरी बाँह से मुझे कस कर पकड़ना चाहा और इस प्रयत्न में मेरी एक बाँह-कन्धा और सिर दबाव से पानी के अन्दर डूबने लगे और दो-चार घूँट पानी भी मेरे अन्दर चला गया–बुरी तरह घबराया। ऊपर से बेदी चीखा–'अरे पागल, उसका गला छोड़, कमर से पकड़–कमर से–।' पर स्थिति नियन्त्रण से बाहर थी।–तभी अब्बास झटपट लपकता पहुँचा–मुझे जोरदार धक्के से हटा स्वयं निखिल को पकड़ लिया। उसके साथ भी कुछ ऐसा ही होता देख मैं और रेड्डी पुनः बढ़े और निखिल को संघर्षपूर्वक धकियाते किनारे ले आने में सफल

रहे।–पर नहर की दीवार ऊँची थी–नदी का किनारा तो था नहीं। कहीं-कहीं–बीच-बीच में ईंटों की सीढ़ियाँ-सी थीं पर इस समय हमसे दूर थीं।–ऊपर से बेदी और पालेकर ने तब तक अपनी फुल पैंटें लटका दी थीं। तभी मेरी पकड़ में दीवार पर उगे बड़ की मजबूत शाख आ गयी–निखिल हमारे साथ-साथ सँभला हुआ था पर उसे ऊपर पहुँचाना इस वक्त दुष्कर हो रहा था। तभी बेदी हमारी सीध पे ऊपर छोर पर पेट के बल लेट गया और अपना दाहिना हाथ यथासम्भव नीचे भुलाया और चीखा–निखिल को पकड़ा मुझे–जोशी-पालेकर–यार इधर मुझे कस के पकड़े रख।–और मैं, निखिल दत्ता महाशय ऊपर ले जाये गये सुरक्षित।–पाँचेक मिनट तक कुछ सामान्य हुए। अन्दर-अन्दर गहरी दहशत–ओह अभी क्या हो जाने वाला था!–और ऊपर-ऊपर ठहाके–''पट्ठे ने आज तैराकी सीखनी थी और ऊपर वाले का इरादा कुछ और ही हो चला था।–हमारी एकता से वह भी–लगता है–डर गया यार–।'' बेदी ठठाकर हँसा।

''सीखेगा–सीखेगा स्वीमिंग। उसको डिस्करेज नई करने का–बाई–।'' भाषा की टाँग तोड़ता रेड्डी हवा की बोझिलता कम करने की कोशिश कर रहा था।

निखिल की चुप्पी सब के भीतर टीस पैदा कर रही थी जिसे नकारने को सब कुछ न कुछ बोल रहे थे।–फिर बाँध पर बने रेस्टोरेंट में सब ने खाना खाया।

बाहर निकले तो अपराह्न वेला थीं। अब तक सिर्फ नहाना-खाना ही हुआ था। घूमना-फिरना बाकी था। सब के सब थे प्रकृति प्रेमी और पेड़ों, पहाड़ों पर चढ़ने-उतरने, फुदकने के शौकीन। दोनों ओर घने पेड़ों से आच्छादित छोटी-छोटी पहाड़ियाँ तो थीं ही।–कुछ समय पूर्व की अप्रिय घटना की स्मृति को धो डालने के प्रयास में हम लगातार बोलते या फिर प्रचलित गीतों के मुखड़े गाते गुनगुनाते बढ़ रहे थे। हममें से प्रत्येक जाने-अनजाने निखिल पर नजर डाल लेता। वह बीच-बीच में खामोश हो जाता था।

सूर्यास्त–बेहद मोहक सूर्यास्त हो रहा था और खड़े हो कर अपलक निहारते रहने को जी चाहता था। पर घंटा सवा घंटा रास्ते में लगना था। सो मैं बोला–

"अब चल देना चाहिए–अन्यथा पहुँचते देर हो जायेगी–घर वालों को फिक्र हो जायेगी–।"

"चल यार–अब चल ही तो रहे हैं–क्यों निखिल।" बेदी बोला।

"अँ–हाँ।" निखिल गहरा खामोश था।

"लो, यह फिर डूब गया था–।" बेदी आदतन खिलखिलाया।

गाड़ी में सभी तंद्रिल-से, खुली-अधखुली भारी-भारी पलकें सँभाले खामोश खिड़कियों के पार देखते रहे। बातें न के बराबर हुईं।

मेरा घर सब से पहले आया। माँ बाहर बरामदे में बेचैन खड़ी थीं। मैं उतरा। माँ ने आगे बढ़ कर सब को चाय के लिए उतार लिया।

"देर हो ही गयी तुम लोगों को। मैं तो चिन्तित थी कि रास्ते में कहीं कार न गड़बड़–।"

"अरे–आंटी, हनुमान जी को प्रसाद चढ़ाओ–उनकी कृपा से आज सभी सकुशल घर लौट आये–।" बड़बोला बेदी मेरे संकेत को अनदेखा किये बोल ही पड़ा।

"क्यों! क्या हुआ?"–माँ बुरी तरह चौंकी।

"अरे, रुक यार–पहले चाय-पानी तो पी लें–।"

"हाँ, क्या हुआ बेटे–!" माँ की जिज्ञासा देखने योग्य थी। और तब बेदी और रेड्डी ने पूरी कथा आनन-फानन सुना डाली–लगा माँ को हल्का चक्कर आया–आँखें विस्फारित सी हुईं–फिर तत्क्षण मुँद गयीं–और वे सहारे के लिए पास के दीवान पर धीरे-से टिक कर बैठ गयीं–फिर बड़ी क्षीण आवाज में इतना भर कहा–"मैं-तभी–तो–बार-बार...।"–यह इतनी-सी देर में उन्होंने क्या–कैसा महसूस किया–यह महज मैं ही जान सका–मैं ही जान सकता था। माँ के ओठों बीच एक महीन कम्पन होती रही। फिर वे चुपचाप सिर झुकाये अन्दर चली गयीं।

जब भी कभी इस किस्म का–हिला देने वाला क्षण उनके सामने आ पड़ा है उन्हें अपनी काँपती बन्द पलकों और बारीक हिलते ओठों द्वारा किसी अनन्त अदृश्य शक्ति से इस प्रकार जुड़ते देखा है कि आसपास की सारी यन्त्रणा वाष्प-सी उड़ती नजर आयी है।

माँ के अन्दर जाते ही सब एक-दूसरे का मुँह ताकने लगे थे। माँ जल्दी ही वापस आयी हाथों में आरती का दीप लिये–और हमारे बीच खड़ी हो लौ के पावन-प्रकाश को दाहिनी हथेली

में संचित कर-कर के बारी-बारी सब के सिरों पर शक्ति और सुरक्षा के आशीष धरती रहीं। सब ने माँ के पैर छुए–जैसे सहसा कमरा एक मन्दिर बन गया हो–कि जैसे कोई अलौकिक, नैसर्गिक-सी बयार आसपास तरंगित हो रही हो।–फिर सब की पुष्ट हथेलियों पर माँ ने प्रसाद रखा था–'इसी तरह–इसी तरह–वहाँ भी–''कुछ रुक कर किंचित भर्राये कंठ से माँ ने आगे जोड़ा था–शत्रु का मुकाबला करते–वहाँ भी–एक-दूसरे का ध्यान रखना–मेरे बहादुर बच्चों ने... हमें तुरन्त अपने आई.एम.ए. के रिजल्ट का ख़याल आ गया था। अन्दर से गुरु-गम्भीर और ऊपर से मसखरा बेदी माँ की सजल गम्भीरता को परे धकियाता उनकी दाहिनी हथेली उठा अपने सिर पर रखता, चहकता बोल पड़ा–''तो एक बार फिर हमारे सिरों पर अपना वजनी हाथ रख दो ना आंटी कि हम सब का नाम आ जाये मेरिट लिस्ट में–हम स––भी का–।''–हमें पालेकर और निखिल के लिए थोड़ी चिन्ता थी। उन्हें छेड़ते हम–''अरे तुम कलाकार-बन्धु–अपनी अच्छी-भली लाइन छोड़ इधर कहाँ भटक आये भाई। अपने नाखून और नाजुक-हथेलियाँ नहीं देखीं-पक्के कलाकारों वाली! यह स्टेनगनों वाला शौक ना ही पालो तो अच्छा–।'' पालेकर की चित्रकारी, और निखिल की संगीत में जान बसती थी।–बस, फिर तो दोनों तरफ से तर्कों की बौछारें प्रारम्भ हो जातीं। तभी इस मीठे कोलाहल की समाप्ति करता कोई पुचकार बैठता–च्च्–च्च्, बुरा मत मानो हमारे बहादुर कलाकारो–अपनी मातृभूमि की रक्षा क्या कम बड़ी कला है! तुम सूक्ष्म दृष्टि वाले हम रुखड़ों से कहीं आगे रहोगे–देखना।–पर थो–ड़ा सा अहसान हमारा भी मानो–कलाकारो, कि यों ठोक-ठोक कर ही मजबूत बनाया है हमने तुम्हें–! क्यों कुछ गलत कहा!–और फिर ठहाके और गलबहियाँ।–एक-दूसरे को प्यार से भिगो-भिगो डालने को उद्यत।

''हाँ बेटा–सब का होगा। स–भी का। मैं आशीष देती हूँ।''–हमें यह स्वर सीधा देवलोक से उतरा किसी अलौकिक आकाशवाणी सा लगा–सत्य–परम सत्य।

हम चहकते–मानो मैदान मारते, बाहर निकले तो बेदी ने मस्ती में ओंठ गोल कर सीटी भरी और बोला–''यार, सच

पूछ तो आज की हमारी यह पिकनिक हमारी सारी पिकनिकों का सेहरा बन गयी, क्यों!'' ''बिल्कुल। लग रहा है इस यात्रा का सबसे थ्रिलिंग एडवेंचर, यही–यही हादसा रहा। लगता है कि कुछ किया है–कुछ करने जैसा–।'' मैंने कहा।–''हाँ, घर जाकर माँ से बताऊँगा,'' तो, निखिल ने देर बाद मुँह खोला ही था कि रेड्डी ने जैसे झपट्टा मारा–''क्या?–कुछ बतायेगा तू –!–यही–कि डूब चला था आपका बर्खुरदार।'' अब्बास ने बड़ी मासूमियत से कहा।

रेड्डी ने मसखरी में आँखें तरेरी–''गधे! डूबने का स्टोरी सुनायेगा घर पौंच के!–सरम नई आयेगा तेरे को–!''

''तू तो हँस-हँस के शेखी बघारेगा-और आंटी रात भर सो नहीं पायेंगी।'' मैंने जोड़ा।

''अगर तूने आंटी से बताया ना तो जैसे सब मिल के तेरे को बचाया आज–ऐसेई सब मिल के ना–तेरा-तेरा कचूमर–।'' क्षण भर को चुप हुआ रेड्डी-फिर आगे जोड़ा–''पैले किसी डूबने-डूबने को बचा खींच के–फिर घर जाके, मदर को स्टोरी बताने का। समझा कि नईं तू –!'' वह गुर्राया और अपनी पुष्ट बाँह बढ़ा कर निखिल को समेट साथ भींच लिया।

वे लिफ्राफ्रे

"चल छोड़ अब बहुत हुआ तब से जाने क्या सुनाये जा रही है, खत्म ही नहीं हो रहा, शाम होने लगी है, चिट्ठी न हुई, मुआ अखबार हो गया। वैसे महीनों निकाल देंगी बगैर लिखे .... और जब लिखने बैठेंगी तो ..." माँ बड़बड़ाती हुई आयीं और चाय के खाली कप उठा, झपाटे-से किचन में रख आयीं, चेहरे पर ढेर सारी कुढ़न, खीज और अवसाद लिये पति के पायताने आ कर बैठ गयीं, जो चुपचाप आँखें मूँदे स्थिरता से पत्र सुन रहे थे। इन दिनों उनकी पीली पड़ती शक्ल और बेजान लग रही थी इस वक्त।

"अरे यह मुई ठंड भी कितनी बढ़ती जा रही है ..." माँ को हर चीज से शिकायत रहने लगी थी, "जरा शाम हुई नहीं कि हाथ-पैर से जान ही निकलनी शुरू हो जाती है। देख जरा ..." और माँ ने अपनी दोनों पीली, ठंडी हथेलियाँ पास बैठी बेटी की ओर बढ़ा दीं।

अलका ने उन ठंडी हथेलियों को अपनी गर्म मुट्ठियों में भरते

हुए दुख से कहा, "इस समय जुराबें डाल लिया करो माँ, पैर में और ..."

"हाथों में दस्ताने भी पहन कर बैठ जाऊँ क्यों?" माँ जबरन हँसी।

"तो हर्ज भी क्या है, दिन भर तो लगी रहती हो, चाय के लिए तो मैं स्वयं जा रही थी माँ। फिर पत्र सुनाने लग गयी पापा को। अब सारा कर लूँगी मैं। तुम बिल्कुल मत उठना।" अलका ने माँ का कष्ट गहराई से महसूस किया।

"जब तक हमारे पास है, सँभाल ले बिट्टो। फिर जैसे बनेगी, निभायेंगे।" लम्बी साँस छोड़ते हुए माँ ने रजाई और लपेट ली।

"लिखा क्या है मित्तो ने? बड़ा लम्बा लिखा है, कुछ नया भी है या वे ही रोने-गाने हमेशा के जी दुखी कर दिया इन लड़कियों ने तो। कितना देखभाल कर जोड़ी तय करते हैं माँ-बाप। पर करम अपने-अपने किसी का क्या दोष।" माँ बिना पत्र सुने बोले जा रही थी। आजकल ज्यादा बोलने लगी है, पापा उसी अनुपात में मौन होते जा रहे हैं। खासकर जब इस तरह की लम्बी चिट्ठियाँ आ जाती हैं, तब और भी। माँ अन्दर की घुमड़न निकालना शुरू कर देती है और पापा कंठ तक उभर आये उद्गारों को अन्दर-ही-अन्दर घोंटते रहते हैं।

पिछले बुधवार को नीलिमा का पत्र आया था-बड़ी दीदी का। ऐसी ही मन को मथ कर रख देने वाली बातें उसमें भी थीं। "यह बात क्या है ..." माँ बड़बड़ाती है, "हमीं ने ऐसे करम किये थे। एक तो भगवान ने बेटा न दिया। हमने तीसरी के बाद सबर की साँस ली कि चलो, ऊपरवाले की यही मर्जी है तो यही सही। उन्हें छाती से लगा कर पाला, अच्छी-से-अच्छी शिक्षा दिलायी। अच्छा घर-वर ढूँढ़ा और हिम्मत के बाहर खर्च किया, अब और क्या करें। लड़के वाले होते ही जालिम हैं, ऐसी सुन्दर, शालीन, पढ़ी-लिखी लड़कियाँ मिलती कहाँ हैं? आसानी से मिल गयीं न। अब मुँह फाड़-फाड़ कर माँगते ही जायेंगे, कुछ-न-कुछ जिन्दगी भर, भिखमंगों की तरह!" पापा चुपचाप सुनते हुए भीतर-भीतर सुलगते रहते। बन्द आँखों वाले स्थिर चेहरे की एक-एक शिरा जैसे चीख-चीख कर छाती के अन्दर का मौन आन्दोलन मुखरित करती रहती।

बस, पापा पूरा पत्र इसी प्रकार मौन, स्थिर, चुपचाप सुनते हैं। माँ पूरे खत में एक दर्जन बार उबलती-उफनती हैं, इसलिए अलका

ने फिलहाल उन्हें सुनाना टाल दिया। ऐनक लगा कर माँ कहीं स्वयं ही न शुरू कर दें। इसलिए पत्र मोड़-माड़ कर उसने वापस लिफाफे में भरा और सामने मेज की मोटी पुस्तक के नीचे दबा दिया।

''तुम्हें बाद में सुनाऊँगी माँ, किचन से निबट कर, वैसे कोई नयी बात नहीं लिखी।'' उसने कानों पर अच्छी तरह शॉल लपेटा और लापरवाह-सी उठ गयी।

माँ बड़बड़ाती रहीं, ''माया-ममता तो रह ही नहीं गयी किसी में। ये सास चुड़ैलें बिल्कुल भूल जाती हैं कि उनकी भी बेटियाँ हैं, और बहुओं पर भी प्यार, ममता छिड़को तो फिरौती में सेवा-आदर ही पाओगी, पर उनकी खोपड़ी में बात समाये तब न। फूल-सी हरी-ताजी बच्चियाँ दो इन्हें कलेजे से काट के और देखते-देखते कैसे मुरझा जाती हैं, अरे, उस भगवान से तो डरो, जिससे जा कर मिलना है एक दिन। बेटी के साथ-साथ घर बुहार कर पकड़ा दिया सब कुछ हाथों में, अब और क्या खुद को बेच डालें बाजार जा कर।''

पतीली में फिरती कलछी की तीखी, बेचैन, अप्रिय आवाज के साथ-साथ माँ के उफनते शब्द कॉलेज की लेक्चरबाजी और स्टाफ की घिनौनी राजनीति से ऊबे-थके मस्तिष्क को झिंडोड़ रहे थे। ऊपर से दीदियों के यदा-कदा आ टपकने वाले इस किस्म के 'प्यारे-प्यारे' पत्र और मुलम्मा चढ़ा बैठते हैं। बस, शोर-ही-शोर है हर कहीं, कॉलेज में भी, घर में भी, वायु-प्रदूषण की बड़ी चर्चा है हर जगह। भले-मानुषों, कभी न्वॉयज-पॉल्यूशन पर भी धावा बोलो, दिमाग बेचारा कब तक स्थिरता का अभिनय सँभालेगा। अलका के मस्तिष्क में सर्र-सर्र ... सर्प-सा, आर-पार कुछ दौड़ने लगा था। मसाला भुना या नहीं, प्याज कच्चे हैं या जल गये; बगैर ध्यान दिये छन्न-से प्याला भर पानी उड़ेला उसमें ... चलो, एक शोर तो बन्द हुआ। फिर बेसाख्ता पुकारा, ''माँ ... ओ डियर ममी.... टमाटर कितने छोड़ूँ सब्जी में ...''

माँ चुप हो गयी थी, बेटी का संकेत समझ लिया था उन्होंने। बेटी उन्हें देखते हुए नहीं देख सकती ज्यादा देर। झींकती मम्मी को चुप करने का यह प्यारा तरीका था बिटिया का। इसी तरह बीच में कुछ बिल्कुल दूसरी ही बात कह देना, पूछ लेना, यानी कि गतिरोध, माँ को राहत मिल जाती। अक्सर ऐसा ही होता है आजकल। अपनी

रौ में प्रवाहित होती रही हैं वे। उन्हें पता नहीं चलता खुद।

"अच्छा!" माँ का धीमा उत्तर था। अलका ने कुकर का ढक्कन लगाया, गैस फुल पर की और तौलिये से हाथ पोंछती आ बैठी।

"अच्छा क्या! मैंने पूछा था टमाटर कितने डालूँ सब्जी में!" वह मुस्कुरायी।

"ठीक है, ठीक है," माँ ने मुस्कान दबा ली, "आज कॉपियाँ तो नहीं जाँचनी तुझे?"

"जाँचनी हैं, पर कल छुट्टी है ... अब कल ही ..."

"फिर तो दोनों जने आज उन लिफाफों का फैसला कर ही डालो, ढेर लग गया है, अब कुछ तो सोचना ही पड़ेगा। कब तक टालोगे।"

पापा ने आँखें खोलीं धीरे-से उठ बैठे; जैसे समाधि टूटी।

उन लिफाफों की बात पिछले तीन-चार दिनों से माँ बार-बार कर रही थीं, उन बन्द वजनी लिफाफों से उन्हें अजीब-सी बेचैनी हो रही थी। 'लिफाफे में बन्द लड़के'-अलका की शोखी उभरती, संजीदगी में भी उसकी हँसी छूट पड़ती। माँ का बस चले तो उन लिफाफों में से किसी एक के साथ उसी क्षण कस कर बाँध दें उसे, पीछे पड़-पड़ कर इश्तिहार निकलवाया माँ ने-'सुन्दर-सुरुचिसम्पन्न-कमाऊ लड़की के लिए वर चाहिए, जो ...'

रोज की यह चर्चा अलका को और उबाऊ लगने लगी थी। खासकर तब और; जब बहनों के दर्दीले पत्र भी आ शामिल होते उनके साथ। माँ का जी नहीं भरा अभी। अश्रुसिंचित पत्र छोटी से भी लिखवा कर मानेंगी वे। इसकी गारंटी कहाँ है कि उन-सा परिवेश, उन्हीं-सी यन्त्रणामय स्थिति उससे नहीं टकरायेगी? लेकिन माँ गलत भी कहाँ है? कौन उन्हें गलत कहेगा! कपिला की दोनों बहनों को दुर्भाग्य ने एक साथ आ दबोचा-उसके दोनों आर्मी अफसर जीजा एक साथ ही पाकिस्तान हमले में... तो क्या कपिला ने शादी से मुँह मोड़ लिया? पर सोच का एक यही मुद्दा तो नहीं। पापा के पास अब बचा भी क्या है, उसे पार लगाने को। ले-दे कर एक पेंशन है, जिससे शुरू के पन्द्रह दिन बमुश्किल घिसटते हैं, शेष का निर्वाह अलका के जिम्मे, पापा और अलका के निकट शीशे-सा स्पष्ट है सब कुछ, पर माँ! सब कुछ जानते हुए भी कुछ नहीं

जानती। उन्हें बस इतना मालूम है कि लड़की के हाथ पीले किये जाते हैं और अवश्य किये जाते हैं। इस अनिवार्य आवश्यकता के आड़े आने वाली कोई भी बाधा धकेल कर परे कर दी जाती है। पापा और अलका की उदासीनता उन्हें चुभती है ...''आखिर सोचते क्या हैं! इस तरह काम चल जायेगा?'' और एक दिन धैर्य खो कर वे चीख-सी पड़ी थीं। ''तुम अखबारों में क्यों नहीं निकलवाते जी! इस तरह पड़े रह कर तो काम होने से रहा। तुम दोनों-के-दोनों घुन्ने बने जाने क्या सोच रहे हो? लड़की भी बात चुटकियों में उड़ा देती है और तुम्हें तो इन मरी किताबों से ही फुरसत नहीं। अरे, जो पान-पत्ती, तिल-फूल बन पड़े, लगा कर हाथ पीले करो बेटी के। इस साँस का क्या भरोसा, आये न आये!'' शायद ठीक ही कहना था उनका, फिर पापा चुपचाप इश्तिहार दे आये थे। पापा खामोशी से खोलते, पढ़ते और रख देते। शाम को घर लौट कर बेटी भी देख लेती। फिर कुछ को छोड़, शेष सोने जाने से पूर्व रद्दी की टोकरी में पहुँचा दिये जाते। इसके बावजूद दर्जन भर लिफाफे पुनर्विचार के लिए कतार में खड़े थे अब भी।

इन्हीं दिनों अलका का पुनर्मिलन, उसके स्कूली दिनों की अन्तरंग सखी रमा गुप्ता—अब श्रीमती रमा रस्तोगी—से हुआ। साल भर का गुड्डू भी साथ था। अलका के कॉलेज में संस्कृत विभाग में शीघ्र ही उसे जगह मिल गयी थी। फिर खूब जमने लगी दोनों की। कभी पिक्चर, कभी शॉपिंग।

विवाह के मसले पर अलका के सारे तर्क और बयान रमा की नजर में 'बेतुकी हाँक' थे। वह अक्सर आड़े हाथों लेती और किसी सगी आत्मीया-सी झिड़क भी पड़ती, ''अधिक आत्मविश्वास भी ठीक नहीं होता अलका, खुद को ओवर एस्टीमेट कर लेना कभी-कभी खतरनाक साबित होता है। अपने को तूने समझ क्या रखा है? मेरी तो समझ में नहीं आता, आखिर तू...''

''चल, उठ अब, शेष फिर कभी, अब कॉफी पी लें...'' अलका ने लापरवाही से बात काटी थी।

''नहीं, पहले पूरी बात सुन...'' रमा दृढ़ थी, अलका को बैठ जाना पड़ा था।

''तू अमरेश को जानती है, मेरे मामा जी का लड़का!''

''बखूबी, फिर!''

''फिर क्या! तैयार है तेरे लिए, मामा जी भी राजी हैं, मैंने कहा कि अलका से पूछ कर बताऊँगी, अब आशा है कुमारी अलका सक्सेना ज्यादा नखरे नहीं दिखायेंगी। समझ में आयी बात! ... लड़का अच्छा है, तू कहे तो अंकल से मैं बात कर लूँ।''

''अरे, रुक भाई .... थोड़ा सोच लेने दे ...'' अलका ने शरारती आँख झपकायी थीं।

''तू सोचती रह बरसों, समय निकल जाने पर हाथ मलने पड़ते हैं ... बताना पड़ेगा।''

''तो मल लेंगे भई ...'' अलका को फिर चुहल सूझी थी, पर रमा ने परवाह नहीं की थी।

''अच्छे रिश्ते बार-बार नहीं टपकते अलका, उस दिन मामा जी आये थे, अमरेश के लिए चिंतित हैं, तीस का हो चला है। मुझसे लगभग तीन साल बड़ा है और तू... तू मेरे जितनी तो है ही... एक महीना आगे-पीछे मनाते थे अपनी बर्थ डे... देर तक तेरी बातें होती रहीं... कुरेद-कुरेद कर पूछते रहे...''

''सो तो वाजिब है... बहू बनाने से पहले...तो तूने खासी सुहावनी तस्वीरें खींची होंगी मेरी।''

''बात सुन पहले...'' रमा ने आँखें तरेरीं, ''मैंने बढ़ा-चढ़ा कर कुछ नहीं कहा भई ... उन्हें बस, लड़की भली चाहिए ... और ...''

''यही तो दीदियों के सास-ससुर भी फरमाते थे'' पर ये शब्द अलका ने बगैर कहे जबड़ों तले पीस डाले और मुँह से बोली, ''और ...?''

''और कहा उन्होंने .... बस, लड़के को लड़की भा जाये ...''

''और लड़की को लड़का नहीं!''-अलका ने कंठ तले घोंट लिया इसे भी।

''फिर हमें लेन-देन की जरा भी परवाह नहीं।'' रमा चहकी, ''बारात की खातिर-वातिर में दोनों ओर की नाक रह जानी चाहिए। बस अब इतना तो अलका, लड़के वाले चाहेंगे न ... फिर लड़की को तो सुविधानुसार माँ-बाप बाद में भी देते रह सकते हैं। कोई बन्धन थोड़ ही है समय का। मामा जी कह रहे थे-लड़की बूढ़ी जो जाये, देन-दान थोड़े ही बुढ़ाता है ...'' रमा हँसी और अलका

गुर्रायी, ''ठीक! आँगन में निकल आयी खदान में से, खनिज द्रव्य काढ़-काढ़ कर चुकाते रहें कर्ज, बूढ़ी बेटी के पोपले माँ-बाप-क्यों? चल उठ अब, अगला पीरियड ट्यूटोरियल का लेना है मुझे।''

''ठीक है,'' उठते हुए बोली रमा, ''सहज ही छोड़ने वाली नहीं मैं भी, तू तो बेवकूफ है, शान बघारती है, तुझे पता नहीं कि समय कैसे भाग रहा है, देर से जागेगी तू, और तब रोयेगी ... देखना, मैं अब सीधे चाचा-चाची से ही मिलूँगी। तुझसे बेकार सिर फोड़ती रही।'' और तमतमाती हुई रमा स्टाफरूम में जा घुसी थी और अलका अपना पीरियड लेने।

अध्यापन अपनी जगह ठीक-ठाक चलता रहा था पर अचेतन में कोई रील चलती रही थी। जैसे जाने कौन-कौन सी कुंठाएँ कुंडली मारे जमी बैठी थीं अन्दर। उस रात देर से नींद आने तक, मस्तिष्क अतिरिक्त बोझिल रहा था। रमा ठीक कहती है। माँ भी अनुचित नहीं कहती, समाज का नजरिया भी कहाँ गलत है! फिर उसकी आस्थाओं की नींव क्यों काँप-काँप जाती है? बड़ी दीदी के साथ जो कुछ हुआ, किसी ने सोचा भी था। किस तरह पीछे पड़ कर, हाथों-हाथ सहेज कर उस 'बेशकीमती चीज' को-हाँ, इसी शब्द का प्रयोग तो किया था उन्होंने-बड़े चाव से ले गये थे अपने घर वे, तब उन्हें न गहने-कपड़े चाहिए थे, न चीज-वस्तु, उन्हें बस, 'किशोर वय की' 'असाधारण सुन्दरी कन्या' चाहिए थी और यह लड़की उन्हें ऐसी ही लगी थी। उन्हें, यानी सास-ससुर और लड़के को। जब कि दोनों अतिसाधारण जिठानियों को वह पीली, सफेद, रोगग्रस्त-सी लगी थी। बीस पार कर जाने के बावजूद लड़की की मासूमियत उसे सोलह-सत्रह से अधिक बताने की इजाजत नहीं देती थी। सो अपने लाये हुए भारी-भरकम गहने-कपड़ों में लपेट ले गये थे, वे खूबसूरत कमसिन दुलहिन को। कुछ के पास लड़की की 'भाग्य-सराहना' के शब्द नहीं थे तो कुछ के पास अपने ईर्ष्याजनित दग्ध-हृदय का ताप निकालने के लिए। अलका को आज भी कितनी स्पष्टता से याद था-मितो दीदी ने कैसे, कितना-कितना मनाने की कोशिश की थी कि उन्हें एम.ए. पूरा कर लेने दिया जाये। पर किसी ने उनकी एक न सुनी थी। ऐसे रिश्ते के सम्बन्ध में जरा भी आगा-पीछा सरासर मूर्खता ही तो है। लाखों के-तगड़े जमे, व्यवसायियों को बहू से

नौकरी करानी है भला! अरे, उन्हें तो घर की शोभा चाहिए, बस। भाग्य सराहो कि लेन-देन का चक्कर, न डिग्री-विग्री का झमेला, और बस, फटाफट शादी हो गयी थी दीदी की। लेकिन, नवेली दुलहिन के प्रति घर भर के 'अतिरिक्त-लाड़-प्यार' को पचा पाना सेठानी जिठानियों के लिए दुस्सह था—"नंगे-भूखे घर की लड़की को इतना क्या सिर चढ़ाना।" देखते-देखते उनके तेवर बदल गये थे। बात-बात में अपने मायके-ससुराल की सम्पन्नता की तुलना में छोटी के मायके की विपन्नता के नुक्तों पर उँगली रखना—खासकर तीज-त्योहारों के अवसर पर—छोटी बहू के लिए जानलेवा साबित हो रहा था और उसी बात की निरन्तर कुरेद उदारमना सास और पति को भी कुछ-न-कुछ सोचने पर विवश-सा कर देती।

एक साधारण नौकरीपेशा व्यक्ति को, जिसकी अवकाशप्राप्ति में केवल तीन वर्ष शेष रहते हों, दो-दो ब्याह लायक बेटियाँ सामने हों, 'बुढ़ापे की लाठी' के नाम पर कोई बेटा न हो, दहेज को लेकर प्रारम्भ में ही स्थिति स्पष्ट कर दी गयी हो—ये पैसे वाले अब भी खसोटना चाहते हैं?

छोटी को लक्ष्य कर उछाली जातीं वक्रोक्तियाँ तीखा प्रहार करतीं, वह दुखी होती, कुढ़ती रहती, स्वास्थ्य गिरने लगा। महीनों बाद पहली बार मायके आयी तो शक्ल ही बदली हुई थी। सब कुछ रो-रो कर बयान किया था। सभी बहुत-बहुत दुखी हुए थे, पर अब हो क्या सकता था।

एक-एक कर अब नौ-दस साल बीत चुके थे और श्रीहीन मीता दीदी अब दो रिरियाती दुर्बल बच्चियों की खीजी-उकताई मम्मी थीं—अपनी कैदनुमा जिन्दगी से बेजार, बहनों की व्यथा-कथा अलका कई बार सुना चुकी थी रमा को।

मँझली दीदी का हाले-दर्द अपने ढंग का था। बड़ी की स्थिति देख पापा ने इसे बी.ए. के बाद टीचर्स ट्रेनिंग दिलवायी और सर्विस ज्वाइन करा दी—"अन्दर-बाहर आती-जाती रहेगी, आत्मनिर्भर रहेगी तो आत्मविश्वास बना रहेगा। अरे, होती रहेगी शादी भी ... जुआ ही रखना है न कन्धों पर, दो दिन आगे या पीछे ..." हँसते पापा, और फिर मध्यवर्गीय खाते-पीते परिवार का एक पढ़ा-लिखा नौकरीपेशा लड़का मिल ही गया था उन्हें। दहेज की माँग, इनकी ओर से भी

नहीं थी पर लड़की अवश्य पढ़ी-लिखी 'कमाऊ' चाहिए थी। यानी 'स्थायी-दहेज'। इसी दौरान लड़की ने एम.ए. भी कर लिया था और नौकरी में तरक्की पा ली थी। विवाह हो गया पर उसकी तनख्वाह पर ही नजर रहने लगी घर भर की। सास-ससुर, क्वाँरी ननद और स्कूली देवर सबको पालने-बनाने का शत-प्रतिशत भार, पति के साथ-साथ उसके कन्धों पर भी स्वतः आ पड़ा—जुआ ही रखना है न कन्धों पर...—नहीं, वह पीड़ा झटकती—हमेशा थोड़े रहेगा यह सब ...सास ने आते ही धीरे से चेतावनी दे दी थी बहू को, "कम-से-कम दो साल तक कोई बाधा नहीं उपस्थित होनी चाहिए—नयी नौकरी, नीलू और जीतू के बनने की राह में..." यानी कि दो-तीन साल तक 'कोई बच्चे नहीं', सास की अतिव्यावहारिकता पर स्तब्ध रह जाने के सिवा वह कुछ न कह सकी थी। तनख्वाह मिलते ही गिन कर सास को थमा देती, फिर शेष समय स्वयं से लड़ती रहती। सम्बन्धों की उष्णता में तेजी से ठंडक समाने लगी थी और उस दिन उसे ये रिश्ते-सम्बन्ध एक भोंडा नाटक मात्र लगे थे, जब शादी की पहली सालगिरह के कुछ हफ्ते पूर्व सास को पता चला था कि उसकी इच्छा के विरुद्ध बहू ने वंशवृद्धि के लिए शीघ्रता की है, प्रतिक्रियास्वरूप, मौन मुखाकृति की अतिमुखर भंगिमाओं ने कुछ भी शेष नहीं छोड़ा था। उसके हृदय में मथनी-सी चलती रही थी—'तो इन्हें केवल तनख्वाह भर चाहिए थी?'

दिन बीते, कलह में क्रमशः वृद्धि हुई, बहू की वह पूरी अवधि, जो प्रसन्नता और आह्लाद में बीतनी थी, सन्ताप में बीती। समय पर 'मुन्ना' आया था—'व्ययवृद्धि' का प्रतीक।

प्रसव अवकाश की समाप्ति पर सक्रिय दिनचर्या पुनः प्रारम्भ हुई तो सास का भुनभुनाना जोर पकड़ता गया था। बच्चे के लिए अलग से आया का प्रबन्ध नहीं हो सकता था। पति का असीम सहिष्णु होना उसके लिए घातक सिद्ध हो रहा था। रोज-रोज की किच-किच से वह तंग आ चुकी थी और तब एक दिन बात ज्यादा ही बढ़ जाने पर उसने सुना, "पालती हूँ ... गन्दगी मैं धोती हूँ ... तू कब से हो गयी माँ! चली जा अपने घर, जैसे आयी थी, रहना नहीं चाहती तो ..." फिर क्या पति की अनुपस्थिति में ही अटैची थामे निकल आयी थी। पापा ने फिर अच्छी तरह समझाया था, "स्थितियाँ

हमेशा एक-सी नहीं रहतीं। यह सब अस्थायी रगड़े हैं, तैश की बातें, जिनका कुछ अर्थ नहीं होता। पति भी तुम्हारा है और बच्चा भी, तुम्हें दूरदर्शिता से काम लेना चाहिए। समय पर सब ठीक ही जायेगा।'' और हफ्ते भर बात, शायद अपनी ज्यादती महसूस करते दामाद भी आ पहुँचे थे। मान-मनोबल के पश्चात अन्ततः बेटी विदा कर दी गयी थी। पुनः उसी घिरनी में घूमते रहने के लिए।

और अब इन बहनों के दुखते पत्र आ पहुँचते थे-विवश, तपते-उच्छ्वास-से, अलका ही पढ़ती, दोबारा-तिबारा पढ़ती, यह सब क्या है? क्यों है? रमा से खुल कर बातें होतीं-बहस चलती, पर नतीजा कुछ न निकलता।

अगले दिन शाम रमा ने फिर कुरेदा, ''तो फिर क्या सोचा तुमने?''

''तुम अमरेश को जानती हो... काफी सुन चुकी हो उसके विषय में और मैं ... मेरा तो भाई है वह ... फिर घराना ही इतना शरीफ है कि टाल-मटोल के लिए अब कतई गुजांइश नहीं, कुछ लम्बी-चौड़ी माँग भी नहीं है बेचारों की, बेटेवालों-सा झूठा दंभ भी नहीं ... तुम ...''

''सुना रमा, तुम्हारी ये सारी बातें समझ में आ जाने लायक हैं पर क्या तुम इस बात की गारंटी ले सकती हो कि ...''

पर रमा ने आगे बोलने नहीं दिया, ''ठीक है, असल में तू अभी समझने की मन:स्थिति में नहीं है, मैं स्वयं चाचा जी से कल मिलने जा रही हूँ, बता देना उन्हें ... और तुमसे हमें कुछ पूछना ही नहीं अब।''

''स्वागत है मादाम, जरूर आइए ...'' अलका की धृष्टता फिर जागी, ''और उन लिफाफों में बन्द उम्मीदवारों के इंटरव्यू भी ले लेना जरा ... मामले को अंजाम देने में सहूलियत रहेगी ... पर, जरा बादाम खा-पी के आना ... भीषण मस्तिष्क-कुतराऊ विषय है यह।''

''अरे, उन लिफाफों पर बेकार वक्त खराब ही नहीं करना हमें, कौन दौड़ता फिरेगा शहर-शहर। ''चाचा जी क्या इस स्थिति में रह गये हैं अब। और तेरे निकम्मे जीजा लोग तो किसी गिनती में ही नहीं। फिर बता इस खोखले पत्राचार से क्या बनेगा? तू अमरेश से मिल ले। अपनी तसल्ली कर ले। भाई है मेरा, कह तो अपने साथ उसे भी लेती आऊँ तेरे घर। चाचा जी भी उससे मिल कर खुश

न हो जायें तो कहना। अब, अलका कहीं तो मन स्थिर करना ही पड़ेगा न! व्यावहारिकता तो यही कहती है।''

अलका भली छात्रा-सी चुपचाप सुनती रही, अत्यन्त दृढ़ और बुलन्द आस्थाओं वाली–बात-बात में अपने इरादों के रास्ते आने वाली बाधाओं की ऐसी-की-तैसी करने वाली, कभी भूल कर भी पलकों से बाहर हर्गिज आँसू न निकलने देने वाली वह मजबूत लड़की, आज उस कॉलेज-कैंटीन के एकान्त कोने में, शुभचिंतिका सखी की ईमानदार सलाह पर, एकाएक बेबस हो कर दीवार की ओर मुँह किये फूट पड़ी, ''फिर मैं कोई निर्णय क्यों नहीं ले पा रही हूँ रमा... कोई निर्णय... मैं... क्यों नहीं...'' आवाज बुरी तरह भर्रा आयी थी। रमा ने कन्धा दबाया, ''चुप...चुप... निर्णय तुमने ले लिया है। अब... बस... वेटर पानी-एक गिलास...''

''नहीं रमा...सोचने दो मुझे...''

''कब तक ...''

''जब तक हार न जाऊँ ... सोचने से।''

''क्या?''

''पता नहीं ...'' और अगले क्षण दोनों चुपचाप बाहर निकल आयीं।

सान्त्वना

गहरी नीरव रात। दो–ढाई के आसपास प्रोफेसर साहब की नींद रोज ही उचट जाती है। सड़क पर खड़कते चौकीदार के डंडे और सन्नाटे को चीरती सीटियाँ सुनते चुपचाप पड़े रहते हैं वे। दृष्टि चारों ओर घूम फिर कर मीठी नींद सोयी पत्नी पर जा ठहरती है। कौन मानेगा, दोनों में मात्र चार वर्षों का अन्तर है। उत्साह और कर्मठता में दशकों का अन्तर दीख पड़ता है। प्रोफेसर साहब की अवकाश प्राप्ति को पाँच वर्ष बीत गये हैं और पुत्र अनूप को विदेश गये आठ वर्ष। यह अवधि जैसे पलक झपकते निकल गयी हो–पर नहीं–पलक झपकते कैसे! मधु के विवाह और अनूप के विदेश गमन के बाद तो उनका एक–एक पल भारी रहा है। उम्र के चौथे दशक में प्राप्त आँख की पुतलियों से दोनों बच्चे बाहर क्या गये, उनकी दिनचर्या ही शुष्क कर गये। आनन्द में हिलोरें लेता घर आँगन, इतना सूना हो जायेगा और जीवन ऐसा निरुद्देश्य इसका अनुमान न था।

आधी रात, यों जगे हुए लेटे रहना असह्य हो उठता तो चुपचाप उठकर अपनी स्टडी में जा बैठते। कभी उचाट मन अधीर हो शिवानी को ही जगा बैठते। बेचारी हकबका कर उठ बैठती। पति की मनःस्थिति चाहते हुए हल्की-फुल्की वार्ताएँ प्रारम्भ कर देतीं। क्यों इतना कठिन हो रहा है इनके लिए सहज-सुगम्य जीवन! मुझे तो दिन-भर साँस लेने तक का अवकाश नहीं मिलता। रात नौ बजते-बजते आँखें मुँदने लगती हैं। बिस्तर पर पड़ते ही दीन-दुनिया की सुध नहीं रहती और सुबह पाँच बजे ही आँखें खुलती हैं।

"स्टडी में भी दिल नहीं लगता अब"–वे कहते।

"तो दोस्तों के घर ही हो आया करो–अपने गुप्ता जी हैं, वर्मा साहब हैं, नागर जी हैं। सबके पास समय हैं। तुम जाओ तो सही, यों घर बैठे-बैठे तो मन शरीर बिगड़ेगा ही, मिलना क्या है।"

"अरे भाई, कहीं मिलने भी जाओ तो अनूप की ही बातें छेड़ बैठते हैं। दूसरी कोई बात नहीं होती उनके पास। खिल्ली-सी उड़ाते दीखते हैं–'प्रोफेसर साहब, कब लौट रहा है हमारा अनूप। खोज-खबर तो लेता रहता है न! भेजता भी होगा कुछ न कुछ! वैसे तो, इस उम्र में आकर अकेले ही पड़ गये आप दोनों। वह मनहूस विदेशी धरती जल्दी छोड़ती कहाँ है हम भोले भारतीयों को' जाने क्या-क्या कह-कह कर मेरे जख्म उधेड़ते रहते हैं सब। मैं तो जाता हूँ मन बहलाने और हो जाता है उल्टा। फायदा क्या!"

"मुझे तो लगता है तुम्हीं उल्टी-सीधी सोच लेते हो। वे तो हालचाल पूछेंगे ही। तुम सहज-सरल भाव से लो तो बात कुछ भी नहीं।" कह शिवानी अपने काम में लग जाती है और वे चुपचाप बरामदा पार कर सामने अपने बगीचे की क्यारियों में जा खड़े होते–अव्यवस्थित परित्यक्त-सी क्यारियाँ। क्यारियों की प्राणदायक मिट्टी गोड़ने-बोने-सींचने में कितना मन रमता था। पर इधर किसी एक विजय पर चित्त एकाग्र नहीं कर पाते। पौधों-बिरवों में लगे रहते हैं कुछ दिनों को–क्यारियाँ लहलहा उठती हैं नन्दी फुलवारी स्वर्ग नजर आने लगती हैं। फिर विरक्त हो उठते हैं और पठन-पाठन में जा डूबते हैं। स्टडी से बाहर दिखते ही नहीं। शिवानी खीझ-खीझ उठती हैं–"अब जाओ बाहर खुली हवा में घूम-फिर आओ थोड़ी देर बैठे-बैठे स्वास्थ्य बिगड़ जायेगा।" संगीत खींचता है तो दिन-रात

कैसेटों के बक्स खोले बिस्मिल्ला खाँ, रविशंकर और पन्नालाल घोष के संगीत में डूबते-उतराते रहते हैं। व्यस्तता से घिरी शिवानी आती-जाती कहती रहती-"घूमने नहीं निकले आज। साँझ घिर आयी है। और यह टेपरिकार्ड पर कभी कोई भजन-वजन भी चढ़ाया करो जी। यह मनहूस सा रोना-गाना क्या लगा बैठते हो हमेशा। मन और खराब करते रहते हो अकेले-अकेले।" उनकी तर्जनी स्वत: स्टॉप पर दब जाती है। कानों में ढलती शहद-सी मीठी धुन शून्य में विलीन हो जाती है। वाद्य यन्त्र और कैसेट्स वहीं छोड़ क्यारियों के बीच उतर आते हैं-सूखी क्यारियों में अव्यवस्थित लम्बी टहनियाँ इधर-उधर छितराई-पसरी पड़ी हैं। टलहते हैं-परिक्रमाएँ, कितनी ही परिक्रमाएँ-निरुद्देश्य। सब कुछ निरुद्देश्य लगता है अब। अतीत की वह, इतनी जीवन्तता, इतनी लगन, इतना उत्साह क्या इसी दयनीय पराभव के लिए।

बीहड़ परिस्थितियों की चुनौती स्वीकारने में विचित्र आत्मतुष्टि का अनुभव करने वाले प्रोफेसर रमाशंकर स्वयं को मुजाहीन-सा महसूस करने लगे हैं। इकलौते पुत्र को विदेश गये अगले माह आठ वर्ष हो जायेंगे। किस प्रकार व्यतीत किया है उन्होंने यह लम्बा समय, कोई उनकी आत्मा में झाँक कर देखे। सहानुभूतिपरक शब्दों से उन्हें अब चिढ़ होने लगी है-मरहम क्या लगेगा। वही मित्र-मंडली अखरे लगी है, जिसके लिए मन व्यग्र और आतुर रहता था।

उस दिन प्रोफेसर मिश्रा की तथाकथित अन्तरंगता ने नश्तर-सा चुभोया था-"भई देखिये-माँ-बाप जब खून-पसीना एक करके औलाद को लायक बनाते हैं तो एक आस-उम्मीद भी होती ही है, इससे इनकार तो नहीं किया जा सकता ना। इतनी पद-प्रतिष्ठा का क्या लाभ यदि माँ-बाप शक्ल को भी तरस जायें बुढ़ापे में।" वे विवश चुपचाप मुस्कराते रहे।

कल इसी मुँह से ईर्ष्या उगलते थे-"अच्छा! भई वाह! जाते-जाते ही भेजना भी शुरू कर दिया अपने बेटे ने। ठीक है, फर्ज है बच्चों का। यही तो होना चाहिए। प्रतिमाह भेजता है न। भई सपूत निकला अपना अनूप-वरना पश्चिमी चकाचौंध में किसी को याद रहता है अपना वतन और घर-परिवार।" रमाशंकर तब भी खामोश मुस्कराते रहते।

युवावस्था में उन्होंने अच्छा श्रम किया था। जन्म से किशोरावस्था तक गाँव में रहे थे–अभावों और संघर्ष के बीच। बाप-दादों की कुछ खेती-बारी थी। ग्रामीण शिक्षा के बाद उसी में लग जाना था। पर बोर्ड-परीक्षा के बाद अचानक उनके शहरी मामा जी वर्षों बाद बहन के घर गाँव पधारे और होनहार भांजे को अपने साथ शहर लिवा ले गये। पुत्रहीन मामा जी के थोक गल्ले के व्यवसाय का आंशिक भार स्वतः भांजे पर आ पड़ा। साथ-साथ अध्ययन भी चलता रहा। पढ़-लिख लेने के बाद वापस गाँव की धरती पर लौटने की भावना धुँधलाती गयी और विश्वविद्यालय की पढ़ाई समाप्त कर कॉलेज के प्राध्यापक बन गये। शहरी सुघड़ बाला से विवाह हुआ। माँ-बाप गाँव से कुछ दिनों के लिए शहरी पुत्र के पास आते और आँख जुड़ा, आशीष दे, वापस अपने गाँव की माटी में रम जाते।

प्रोफेसर साहब के पहले तीन लड़कियाँ ही हुईं। पर बची सबसे छोटी मधु ही। फिर पाँचेक साल बाद आये अनुपम कुमार। बेटों को बाँहों में झुला कलेजे से सटा लेने-सा अनिर्वचनीय सुख पहली बार जाना। पत्नी की बेटे से भरी गोद देख-देख आँखें जुड़ा आयीं–हे प्रभु, सभी को दो यह सुख।

देश ने अभी-अभी, तरस-तरस कर आजादी पायी थी–मुक्त हवा-पानी में श्वास लेता, स्वतन्त्रता-सा ही चिर आकांक्षित उनका यह पुत्र, बस उत्साह उमंग कर ओर-छोर नहीं था। जी-भर खुशियाँ लुटायीं। खूब दान और दावतों पर खुल कर खर्च किया। आशीष मिलें-शुभकामनाएँ मिलें–मेरा बेटा आयुष्मान हो स्वामी। पल-क्षण, दिवस-मास और वर्ष उड़ चले। बेटे की चहकती-दमकती किशोरावस्था की शीतल-सुनहली चाँदनी-सी छितराई रहती थी घर-आँगन में। परितृप्त प्रोफेसर साहब अब अपनी इस प्रौढ़ावस्था में एक अच्छा-सा घर बना लेना चाहते थे। योजना वर्षों से धीरे-धीरे पक रही थी अन्दर। शुभ मुहूर्त देखकर कार्य प्रारम्भ किया और साल भर के अन्दर मकान बन खड़ा हुआ। गृह-प्रवेश, समारोह के साथ-साथ बेटे की सोलहवीं वर्षगाँठ भी धूम-धड़ाके से नये भवन में मनायी।

पुत्र मेधावी निकला और छात्रवृत्तियाँ लेता हुआ समय पर डॉक्टर बना। फिर मिली विदेश जाकर आगे के अध्ययन की छात्रवृत्ति। इस उपलब्धि पर वृद्ध माँ-बाप हँसें या रोयें–सूझ नहीं रहा था उन्हें। पुत्र

के लबालब छलकते उत्साह-उमंग ने कंठ अवरुद्ध कर दिया था। बेटी मधु बहुत पहले ही अपने घर विदा हो चुकी थी। अब एक बार फिर, घर-आँगन, बैठक-बगीचा सन्नाटे से भर गये थे। अवकाश प्राप्त प्रोफेसर साहब लेटे-लेटे चुपचाप छत और दीवारें तकते रहते। मन कहीं से कहीं फलाँगता रहता।

एक दिन अचानक पास बैठी पत्नी से कह उठे–"एक बात है अन्नू की माँ। हमारा अन्नू ब्याह करके जाता न। तभी ठीक था। जाने क्यों लगता है–यह सब-कुछ ठीक नहीं हुआ। एक ही बेटा था हमारा। उसके माथे सेहरा अपने हाथों बाँधते। बहू घर लाते। जाने क्यों मन बड़ा बेचैन और उदास हो जाता है यह सब सोच कर। आठ वर्ष कुछ कम तो नहीं होते। कितना बुढ़ापा आ गया है हम पर, किसी तरह देख-समझ पाता अन्नू। बस, कुछ ही अच्छा नहीं लगता अब तो। न गीत-संगीत, न बागवानी। जबरदस्ती की खींचातानी लगती है सबकुछ। तुम-तुम तो काम-धाम में लगी रहती हो, अच्छा है। पर मैं, मैं क्या करूँ। दिल ही नहीं लगता कहीं!"

पास बैठी शिवानी बड़ी तन्मयतापूर्वक हरी-ताजी भाजी छील-बना रही थी। पति के चुप होते ही मुँह उठाकर बोली–"मेरा हाथ बँटाया करो न। यहाँ मना किसने किया है।" और खुलकर हँस पड़ी। पर प्रोफेसर साहब कहीं दूर थे–बहुत दूर। यह चुहल उन्हें स्पर्श नहीं कर पायी। जैसे कुछ सुना ही न हो–बोलते रहे–" उसकी चिट्ठियों में भी अब वह मोह-वह खिंचाव क्यों नज़र आता है। भूली-भटकी महीनों बाद कभी कोई आ पहुँचती है दो-ढाई पंक्तियों की। ब्याह की उम्र निकल जाने की तो उसे जैसे कोई फिक्र ही नहीं, कोई परवाह ही नहीं। यह सब कुछ ठीक नहीं अन्नू की माँ।" उन्होंने एक लम्बी साँस ली और चुप हो गये।

"वहीं ब्याह रचाकर वहीं रच-बस जायेगा, यही तो! तो इसमें इतना दुखी होने की कौन-सी बात है। जो दुनिया में होता है, वह हमारे साथ भी हो सकता है। ना होने की कोई गारंटी थी हमारे पास उसे भेजते समय। तुम उठो जी, जाओ, ताजी हवा में जरा घूम फिर आओ थोड़ी देर। साँझ हो चली। मैं भी तब तक सब्जी-वब्जी छौंक लूँ।" और जिस तत्परता-चुस्ती से उठ कर वे रसोई घर की ओर लपकीं कि वे चुपचाप देखते-सोचते रहे–इसे तो इसकी सक्रियता ही सँभाले है। कैसी अटूट आस्था है अपनी घर-गृहस्थी में–अपने

पति-बच्चों में-अपने प्रभु और धर्म में। कहीं बेटा, दो-चार वर्ष और भी उटका रह जाये विदेश में, तब भी अपने मन को यह इसी कुशलता से समझा लेगी-सब सँभाल लेगी। कुछ भी दुखद नहीं होगा इसके लिए। उस दिन, चहकती हुई, प्रवीण की माँ के समक्ष किसी जीवन्तता से बयान कर रही थी-"आपको बताऊँ कि अपने पप्पू के लिए एकदम बढ़िया अव्वल दर्जे का टेपरिकार्ड भेजा है अपने अन्नू ने। कपड़ों की तो कुछ पूछिए मत। बहन को अलग पार्सल भेजता है-यहाँ अलग। कितना परेशान होता है बेचारा। लाख मना करो पर मानता ही नहीं। अब आप ही बताओ, भला अपने यहाँ कमी है किसी चीज की। लिखता है-माँ, बस इस साल और धीरज रख लो-अगला साल लगते ही पहुँच रहा हूँ आपकी सेवा में। हम भी कहते हैं, चलो, जिसमें बच्चे की खुशी, उसी में हमारी भी और फिर उससे ज्यादा मर्जी उस परमात्मा की-जो अन्तर्यामी है, सब कुछ जानता है। बस, अब तो यही साध है कि अपने हाथों सेहरा बाँध कर बहू ले आयें अपने घर। अच्छा, सब होगा, ऊपर वाले के हाथों कठिन कुछ भी नहीं।" फिर घर के अन्दर गयी तो पूजागृह में जाकर बैठी रही घंटा-भर। बाहर जब निकली तो आँखें अड़हुल सी लाल।

एक वर्ष इसी तरह और निकल गया। दोनों के बीच बेटे की चर्चा क्रमशः कम होती गयी। ज्यों प्रसंग छूते डर-सा लगता।

"अन्नू की चिट्ठी को आज पाँच महीने हो गये।" पत्नी के मुँह से दुर्बल-सा स्वर फूटता।

"हुँ।" वे सामने फैली अखबार पर ही दृष्टि जमाये रहते। पत्नी अलसायी-सी उठकर सामने थिरकते कबूतरों के आगे दाने-बिखेर उन्हें चुगता हुआ देखती रहती। धीरे-धीरे अँधेरा घिर आता। स्विच ऑन करती, हाथ जोड़ माथे से सहाती हुई बुदबुदाती-"सबकी रक्षा करना मेरे स्वामी।"

डाकिया आज चिर-प्रतीक्षित पत्र पकड़ा गया है, बाहर बैठे प्रोफेसर साहब के हाथों में। शिवानी अन्दर काम में व्यस्त है। बरामदे की मीठी सुहानी धूप में आराम कुर्सी पर अधलेटे वे चुपचाप पत्र पढ़ते हैं-एक बार, दो बार और फिर तीसरी बार भी। मजमून तब भी वही रहता है, बदलता नहीं।

"मैंने एक विदेशी लड़की से शादी कर ली है। लड़की योग्य

और गुणवती है। शादी को साल भर हो गया। संकोचवश ही समय पर सूचना न दे पाया। अवसर मिलते ही आपका आशीर्वाद लेने कुछ दिनों के लिए स्वदेश आऊँगा। पैसे बरामबर भेजता रहूँगा। किसी चीज की आवश्यकता होने पर तुरन्त सूचित करें। किसी बात की चिन्ता बिल्कुल न करें–आदि-आदि।''

शिवानी के पैरों की आहट और प्यालियों की खनक ने उन्हें जैसे एक झटके से पुनः धरती पर ला खड़ा किया। बेटे के इस सांघातिक पत्र ने मस्तिष्क कुंद-सा कर दिया था। ओह, तो आखिर वही हुआ न। कैसे कर सका हमारा अन्नू यह सब। उसे जरा भी ध्यान नहीं आया अपने बूढ़े माँ-बाप का। अपनी मिट्‌टी, अपने देश-वतन का। मूर्ख, अपनी सारी योग्यताएँ लेकर विदेश जा धँसा है। अपने घर जगह नहीं थी क्या? खानी तो अन्न की ही रोटी थी न। सोने के कौर तो नहीं। क्या सोचा इस नालायक ने।

बमुश्किल अपने पर नियन्त्रण रख पत्र को अखबार की तहों की ओट कर उन्होंने प्याला थाम लिया। पति को गुमसुम देख शिवानी पूछ बैठी–''आज भी नहीं आयी न चिट्‌ठी। हे भगवान! तरस गये बच्चों की कुशल-पाती को।''–पत्नी की बात उन्होंने जैसे सुनी न हो–चुपचाप चाय पीते रहे। फिर बिना कुछ कहे, उठकर टहलने निकल गये और आकर अपनी स्टडी में जा बैठे। देर बाद निकले। फिर रात का भोजन लिया और उसी खामोशी से बिस्तर पर जा लेटे।

चौका समेट, बत्तियाँ बुझा, शिवानी निकट आ बैठी-क्या बात है! तबीयत तो ठीक है न। कुछ सुस्त नजर आ रहे हो।''

''नहीं। ठीक है सब। आराम करो तुम भी। दिन भर लगी रहती हो।''

''सुनो, कुछ दिनों के लिए मधु और बच्चों को क्यों न बुला लें! बच्चों की छुट्टियाँ भी होने वाली हैं अब। बाल-बच्चों के साथ दो-चार दिन रौनक में बीत जायेंगे हमारे।'' शिवानी हँस पड़ी। थोड़ी प्रतीक्षा के बाद फिर स्वयं ही बोली–''मैं तो कहती हूँ, कल-परसों ही भेज दो गिरधारी को उन्हें लिवा लाने। एक अच्छी-सी चिट्‌ठी लिख भेजना साथ कि बच्चों को जल्दी विदा कर दें–क्यों! ठीक है न।''

''अच्छी बात है। जैसा तुम कहो।'' उन्होंने अन्यमनस्कता से कहा और धीरे से करवट बदल ली।

थोड़ी देर बाद अचानक शिवानी बोल पड़ी–''सो गये क्या?''

"नहीं तो।"

"वह–वह चिट्ठी–अन्नू की अखबारों के बीच मैंने देख ली थी। तुम–तुम अब निश्चित होकर सो जाओ–कुछ भी–बिल्कुल सोचना-बोलना नहीं अब। तुम्हें मेरी सौगन्ध।"

कुछ क्षण करुण सन्नाटा सिसकता रहा। फिर तन्द्रितल क्षीण स्वर में प्रत्युत्तर आया–"जानता हूँ मैं।"

उत्तरार्द्ध

पापा की तेरहवीं में एकत्र सभी आत्मीय स्वजन एक-एक कर अन्ततः विदा ले रहे थे। हम लुटे-पिटे निर्जीव, पराजित, उनको वापस भेज रहे थे। हम यानी मैं, छोटा भाई चेतन और उसकी पत्नी वन्दना।

भीतर बाहर छितराई भीड़ में अब तक निरन्तर पापा के गरिमामय समृद्ध अस्तित्व का एक भरा-भरा सा अहसास होता रहा था कि बस, सहसा कहीं से आकर पापा अभी हमारे बीच आ खड़े होंगे—हँसते, बातें करतें, ठहाके लगाते हुए! उनका अब 'न होना' किसी तरह मानने को तैयार नहीं था मन।

बड़े हमें समझा रहे थे, "तुम तो भाग्यशाली हो कि तुम्हारी अधेड़ावस्था तक पिता सिर पर बने रहे—लम्बी उम्र पायी, स्वस्थ रहे और सम्मान के साथ विदा हुए...।" पर मुझे कब लगा कि मैं अधेड़ हो चली हूँ और पापा वृद्ध!

होश सँभालने से अब तक का सारा समय पापा के लाड़-प्यार भरे सान्निध्य में यों बीता कि कुछ पता ही नहीं चला।

चेतन और वन्दना की अपनी ही दुनिया थी–एक निजी दायरा। उन्होंने मुकुल और मोहित को हॉस्टल भेज दिया था। तब पापा उदास और निष्क्रिय हो गये थे।

चेतन, वन्दना को लेकर क्लब जा चुका होता। अक्सर दोनों की शामें बाहर ही बीततीं और हमें यह सब स्वाभाविक लगता। पापा की बातों के विषय होते–चेतन और वन्दना का गैर-जिम्मेदाराना रुख, मुकुल और मोहित का 'देश-निकाला' और विदेश में मनन की वापसी की अनिश्चितता।

माँ के ज़माने का सेवक रामावतार नीचे रसोईघर में चुपचाप अपने काम में जुटा होता और हमारे नीचे बड़े-बड़े कमरे खाली पड़े होते।

बच्चों को हॉस्टल भेजने के निर्णय पर पापा ने बेहद तिक्ततापूर्वक इतना भर कहा था–'इस देश निकाले की क्या जरूरत थी!''

मनन को विदेश गये पाँच वर्ष हो गये थे। विदेश से डॉक्टरेट करने की उसकी जिद ने उसे वहीं स्थापित कर दिया था। उसके 'विदेशी विवाह' और 'नागरिकता परिवर्तन' की सूचना किसी परिचित प्रवासी भारतीय से प्राप्त कर स्वाभाविक ही हमें सदमा-सा पहुँचा था। कई दिनों तक मौन रहे थे पापा।

पापा एक सफल, समर्पित डॉक्टर थे, और ऐसा ही वे अपने तीनों बच्चों को देखना चाहते थे। उनका, बस एक ही लक्ष्य था–बच्चे ईमानदार और कर्तव्यनिष्ठ डॉक्टर बनें। चेतन और मुझमें पापा के गुण अधिक आये थे। पर मनन ने माँ का भावुक मन पाया था–कोमल और संवेदनशील!

मैं बारह की थी–चेतन आठ और मनन मुकुल छह वर्ष का–जब इस हँसते-खेलते परिवार पर सहसा अप्रत्याशित वज्रपात हुआ था।

छुट्टियों में, भ्रमण के लिए मसूरी जाते वक्त हमारी कार दुर्घटना-ग्रस्त हुई और नियति ने तत्क्षण हम से माँ को छीन लिया था! मेरी दायीं टाँग भी बुरी तरह कुचल गयी थी। ज्यों निमिष मात्र में पट-परिवर्तन हुआ हो! हम ठगे से रह गये थे। अबोध बच्चों में इस दुर्दान्त दुर्घटना को गहराई से महसूस कर सकने की क्षमता भी कहाँ थी तब! बड़े होने पर जाना कि पापा पर टूट पड़ने वाला

आघात कैसा रहा होगा!

पापा मुश्किल से चालीस के थे उन दिनों। जवान और सशक्त! वे सहज ही दूसरा ब्याह रचा सकते थे। पर उन्हें अब केवल बच्चे दिखाई पड़ते थे–मासूम, मातृहीन बच्चे–जो असमय प्रौढ़ हो चले थे। पापा की रुचियों और शौक तेजी से मुरझाने लगे थे....और साल दो साल बीतते-न-बीतते वे पचास के लगने लगे थे।

पत्नी का बिछोह और बेटी का कटा पैर उन्हें अन्दर-ही-अन्दर तोड़ गया था। हमारी वृद्ध दादी गाँव से हमारे पास आ गयी थी और दूसरे विवाह के लिए, अर्से तक, हाथ धोकर पापा के पीछे पड़ी रही थी। अन्ततः पापा की दृढ़ता के समक्ष हार मान चुप हो गयी थीं।

पापा कुशल शल्य-चिकित्सक थे, पर पुत्री के कुचले पैर को पुनर्स्थापित कर पाने के अथक प्रयासों के बावजूद, घुटने से नीचे का अंश काट देना पड़ा था। अपाहिज हो गयी बिटिया के पास हफ्तों बैठे पापा अन्दर-अन्दर घुलते रहे थे!

पापा ने मुझे अपना तीसरा बेटा मान, बड़ी एकाग्रता से तीनों को डॉक्टर बनाने का व्रत ले लिया था। देर रात तक पुस्तकों से लदी मेज पर डटे, स्वयं भी लिखते-पढ़ते और पास बिठा हमें भी पढ़ाते-समझाते रहते। गजब के धैर्य और क्षमताओं से भर उठे थे पापा उन दिनों!

कॉलेज प्रवेश तक साहित्यिक अभिरुचियों वाले मनन ने इतर दिशा पकड़ ली थी।

चेतन समय पर डॉक्टर बन गया था और अविलम्ब उसने सरकारी सेवा प्राप्त कर ली थी। घर की व्यवस्था, पापा की फिक्र और भाइयों की सुविधा-असुविधाओं के बीच झूलती मैं, देर से डॉक्टर बनी। पापा को असीम सन्तोष मिला था–मुझसे कहीं अधिक। और अब मेरा घर बसाने की चेष्टा उन्होंने प्राण-पण से आरम्भ कर दी थी। अथक भाग-दौड़ और हर सम्भव प्रयास के बाद भी पापा असफल रहे थे।

अवकाशग्रहण के पश्चात् पापा ने घर पर अपना क्लीनिक खोल लिया था, जिसमें मैं भी व्यस्त रहने लगी थी।

चेतन का विवाह हमने समय पर कर दिया था और गुड़िया-सी वन्दना के आ जाने से निश्चय ही घर की रौनक बढ़ी थी। और फिर आये, मुकुल-मोहित।

क्लीनिक और बच्चों में रमी-रची मैं, कब तीस पार कर गयी, पता ही नहीं चला। पर पापा निश्चिन्त कहाँ थे! ढीली-ढाली चाल से खोज-ढूँढ़ अब भी जारी थी।

इसी तरह मैं चालीस के निकट आ पहुँची।

कुछ ही दिनों बाद बाहर से लौटी तो पाया बैठक में कुछ विशिष्ट चहल-पहल थी और सब के बीच आज पापा भी मौजूद थे। अर्से बाद उन्हें यों देखना बड़ा अच्छा लगा था। मुझे देखते ही बोले, "आ गये बेटा। देखो, ये हैं मधुकर, इन्दौर से.... अपनी माताजी के साथ! पहचाना?"

समझने-पहचानने में क्षणांश तो लगा ही। बचपन में हम एक बार साथ-साथ कश्मीर गये थे। पर, इतने दिनों बाद कैसे! पता चला किसी रिश्तेदारी में, शादी पर आये थे, सो मिलने आ गये। बातें देर तक होती रहीं। वयस्क हो रहे दो बच्चों का पिता मधुकर, एक वर्ष पूर्व विधुर हो गया था। वैसे विशेष अन्तर नहीं आया था उसमें! अन्तिम बार पिता के साथ हमारे पास जब भोपाल आया था, विहँसता उन्मुक्त-सा, लगभग यही चेहरा था, यही आँखें! समय की एक चौड़ी खाई थी बीच में। सुदूर अतीत के वे महत्त्वहीन से क्षण! सब को कहाँ स्मरण रह पाते हैं!

हफ्ते भर बाद, रात के भोजन से निबट मैं पापा के पास बैठी ही थी कि बड़ी गम्भीरता से एक पत्र बढ़ाते बोले, "पढ़ लो! इन्दौर से आया है, आज ही!"

पत्र आंटी का ही था, पापा के नाम। बिना किसी लाग-लपेट के, सहज तरीके से उन्होंने मुझे मधुकर के लिए माँगा था। पत्र पढ़कर मैंने वापस पापा के निकट रख दिया था। कहने को था ही क्या? पापा स्वयं मौन थे। पर अनब्याही बेटी का सूना उत्तरार्द्ध, प्रत्येक वृद्ध पिता की तरह उनके समक्ष भी एक दहकते प्रश्न-चिह्न-सा खड़ा तो था ही। सम्भवत: उन्हें मेरी स्वीकृति की पर्याप्त आशा थी।

अगले दिन बड़ी कठिनाई से उन्होंने पूछा था, "उन्हें जवाब क्या दें बेटा?" मैं विमूढ़-सी चुपचाप देखती भर रही थी! 'मेरे बाद...मेरे बाद, तुम्हारे साथ के लिए, यह ठीक ही रहता शायद! और फिर ...सोचा था, अपनी वसीयत में...वसीयत में...पर तत्क्षण खाँसी के प्रबल दौर की चपेट में आकर बात अधूरी छोड़नी पड़ी थी। मैंने दवा देकर लिटा दिया था।

रात तीव्र ज्वर हो आया जो कई दिनों तक चलता रहा। दुर्बलता बढ़ती गयी थी। दरअसल पापा दुखी और बेचैन थे–बीमारी से कम, इन्दौर वाले पत्र को लेकर अधिक!

उनका मौन द्वन्द्व मुझसे झेला नहीं जा रहा था। एक वैसा ही युद्ध मेरे भीतर भी रवां था, क्या मेरा क्लीनिक, मेरे मरीज, मेरा कार्य...पापा की तेरहवीं में एकत्र सभी आत्मीय स्वजन एक-एक कर अन्ततः विदा ले रहे थे। हम लुटे-पिटे निर्जीव, पराजित, उनको वापस भेज रहे थे। हम यानी मैं, छोटा भाई चेतन और उसकी पत्नी वन्दना।

भीतर बाहर छितराई भीड़ में अब तक निरन्तर पापा के गरिमामय समृद्ध मेरे सूने उत्तरार्द्ध को पाटने के लिए पर्याप्त नहीं थे?

मैं पापा को आश्वासन कर सकूँ, इसके पूर्व ही उन्होंने हमसे विदा ले ली थी। और मेरे अन्दर कुछ बुरी तरह चटक कर टूट गया था।

सूचना पाकर पापा की तेरहवीं तक सभी पहुँचे थे–आंटी और मधुकर भी!

पापा के कमरे में उनकी वस्तुओं को उलटते-पलटते एक पत्र मेरे हाथ लगा। आंटी के नाम लिखी दो पंक्तियाँ थीं–'मैं जब न रहूँ ...यदि विनीता राज़ी हो तो यह सम्बन्ध मुझे स्वीकार है।' ये अक्षर, पापा के, मेरी छलछलाती आँखों के समक्ष देर तक काँपते रहे थे।

पापा ने इसे पोस्ट क्यों नहीं किया!

क्यों नहीं किया? मुझसे ही खुल कर बात की होती! पत्र वापस कागजों में रख, छाती में एक बवंडर दबाए मैं बाहर निकल आयी थी।

अगली सुबह एक-एक कर सबने विदा ली थी। सबके हृदय भारी थे और स्वर भीगे! अन्त में इन्दौर वाले भी चले। आँखें उनकी अन्त तक मुझे टटोलती रही थीं–पर आँखों की वह 'चमक' शब्दों में क्यों नहीं ढल पायी!

उन्हें लेकर टैक्सी दृष्टि से ओझल हो चुकी थी। चेतन और वन्दना अन्दर जा चुके थे। और, कुछ समय पूर्व, इन्हें ही विदा करते, प्रस्तर-प्रतिमा से जहाँ पापा खड़े थे, स्वयं को मैंने ठीक वहीं खड़े पाया। क्या वर्षों पूर्व मेरे अन्तस् में अँखुआई, उस मृतप्रायः टहनी में जिजीविषा की कुछ तरंगें अब भी शेष थीं।

तीन शब्द

समाज, परिवार और रिश्तेदारों की दृष्टि में वह एक बेशर्म, बदतमीज़ और बददिमाग लड़की प्रमाणित हो चुकी थी, जो अपनी ससुराल में रच-बस नहीं पायी और विवाह के छह महीने बीतते-न-बीतते वहाँ से निकल भागी थी। उसकी पूरी कथा सुन लेने का न किसी में धैर्य था, न सहृदयता और न ही समय। लोगों के मुँह से छिटपुट चिनगारियाँ अवश्य स्फुरित होती रहतीं। "अरे, ससुराल में कोई कालीनें बिछी होती हैं? कँटीली-पथरीली जमीन होती है यह तो; चलते-चलते ही पाँव सधते हैं यहाँ।"

"लड़कियाँ थोड़ा पढ़-लिख क्या लेती हैं, आकाश में ही उड़ने लगती हैं।"

"देखो जी, माँ अभागन ने मर-खप कर हाथ पीले किये थे बेटी के—और देखते-देखते जैसी-की-तैसी दरवाजे पर आ बैठी है।"

वह खून के घूँट पी-पी कर इन विषैली टिप्पणियों से समझौते

करती रही। पर हृदय को पूर्णतः टूट जाने से वह नहीं बचा पायी, जब उठते-बैठते उसकी सगी माँ ने भी कुछ इन्हीं स्वरों में कोंचना प्रारम्भ कर दिया। विचारों के असह्य झंझावात ने उसे अस्थिर कर दिया और वह अपनी तीन वर्षीय नन्ही बच्ची को छाती से चिपकाये माँ के घर से भी निकल आयी थी।

"दुनिया बहुत बड़ी है दीदी–और इसमें भले लोग भी बसते हैं।" उसने बड़ी दृढ़ता से मुझे सूचित-सा करते हुए कहा था।

उससे मेरी पहली मुलाकात नितान्त अजनबियों-सी, बस स्टॉप पर हुई थी, दिल्ली के लक्ष्मी नगर बस स्टॉप पर। बात विचित्र लगे, पर हुआ ऐसा ही कि समीप खड़े हम दोनों की दृष्टि दोनों की कलाइयों में पड़े–बंगाली सुहाग चिह्न दूधिया सफेद शाखा और रक्तिम-लाल पोला पर पड़ी। स्वतः कुछ निकटता का अनुभव हुआ हमें। वह कुछ और पास आ खड़ी हुई। प्रायः मुझसे सट कर। भोला-भाला फबते नाक-नक्शवाला भरा-भरा बंगाली चेहरा। चमकता स्निग्ध, गेहुआँ रंग, मँझला कद और घनी बरौनियों वाली सफेद-स्वच्छ आँखें।

"बंगाली हो?" मैंने धीरे से पूछा। उत्तर में वह बहुत मीठे ढंग से मुस्करायी और कलात्मक ढंग से पलकें झपकाते हुए उसने हामी भरी।

"आप भी तो..." क्षण भर बाद मुझसे बोली वह।

"नहीं!" मैं हँसी, "मेरा बचपन अवश्य बंगाल में बीता है इसलिए बंगाली संस्कृति से मोह है।"

उसके भोले चेहरे पर प्रसन्नता दमक उठी।

"नोएडा जाना है?" मैंने पूछा।

"जी हाँ!" स्वर ऊब और खीज से सना हुआ निकला। हमें यों खड़े-खड़े आधे घंटे से अधिक हो चला था।

"आपको?" उसने मुझसे पूछा।

"वही जाना है भई, मुझे भी।" बोली मैं। देखते-देखते हमने अपनी तीन बसें निकल जाने दी थीं। ठसाठस लदी हुई बसें। समय सुबह ऑफिस का था। दिन संयोगवश अब भी याद है मुझे-जून चौरासी की इक्कीस तारीख और पिछले चालीस वर्षों के सारे रेकॉर्ड तोड़ती भयंकर गर्मी से टक्कर लेता बेहाल, बदहवास जनसमूह। बसों की इस बदहाली पर मेरी हिम्मत जवाब दे रही थी अब।

"रोज जाती हो नोएडा!" मैंने फिर उसे देखा।

''जी हाँ'', वह फिर बड़ी मासूमियत से मुस्करायी।

''यही हाल है रोज का?'' मैं ऊब उठी थी।

''और क्या!'' वह हँस पड़ी, समझ गयी—नयी रंगरूट हूँ। विभिन्न दिशाओं को जानेवाली बसें मुँह चिढ़ाती-सी भागी जाती थीं। एक तमाशा-सा था सामने, दूर मोड़ पर बस का नन्हा सिरा दीखते ही गरदनें उचकने लगतीं। नेत्रगोलक क्रियाशील हो उठते और निकटतर आती बस के मस्तक पर दृष्टि सर्चलाइट-सी पड़ती और लोग बावले दंगाइयों-से झपटते नजर आते। बस की पिछली छोटी-सी अभेद्य गुफा में जाने कैसे समा जाते सब-के-सब।

''ऐसे तो सारा दिन बीत जायेगा,'' मैंने फिर उससे बात की।

''नहीं, साढ़े नौ के बाद रश कम हो जाता है। अभी ऑफिस टाइम है न!'' तसल्ली देती-सी मुस्करायी वह।

''तुम हिन्दी बड़ी शुद्ध बोल रही हो। बिल्कुल पकड़ में नहीं आती।'' हमें छाँह में बैठने को थोड़ी जगह मिल गयी थी। मैंने बातों में मन लगाना चाहा।

''मैं बंगाल में रही ही कहाँ जी। पचास वर्ष पूर्व मेरे दादा जी गोरखपुर आ बसे और फिर कोई वापस नहीं गया।''

''अच्छा-अच्छा, तो यहाँ तुम अपनी शादी के बाद...'' उसने बात काटी, ''नहीं, शादी तो मेरी खास बंगाल में ही हुई—चौबीस परगना में।'' फिर चुपचाप अपनी ओर मुझे देखती पाकर स्वयं ही आगे बोल पड़ी, ''यहाँ में अकेली रहती हूँ। नोएडा में नौकरी करती हूँ।'' और फिर चुपचाप गम्भीरतापूर्वक भीड़, सड़क और घड़ी पर दृष्टि दौड़ायी। हमारे बीच एक चुप्पी छा गयी। मेरे अन्दर जिज्ञासा पनप रही थी। पूर्ण बंगाली चेहरा, बंगाली पहनावा, पूर्ण शालीन-सलज्ज हाव-भाव कठिनाई से उन्नीस-बीस की छोटी वय—अकेली कैसे? यहाँ इस महानगर में?

बसें आ-जा रही थीं। जत्था हिलता और पुनः जड़ हो जाता।

''नोएडा में काम करती हो?''

''जी हाँ।''

''ऑफिस में?''

''ऑफिस ही है छोटा-मोटा।''

''कैसे?'' मैं जैसे सब कुछ जान लेना चाहती थी।

"और क्या!–कुछ लिखा–पढ़ी का काम भी लेते हैं और कुछ पैकिंग–वैकिंग का भी।" उसने स्पष्ट किया।

"देते क्या हैं?"

"कुछ भी नहीं, बड़ा कम देते हैं यहाँ तो।"

"भला कितना?" मैंने कुरेदा।

"बस, यही कुल चार सौ।"

"कितने घंटे लेते हैं काम?"

"सुबह नौ से शाम पाँच बजे तक। काम तो पूरा लेते हैं जी, बस मजबूरी है।"

मुझसे रहा नहीं गया, पूछ बैठी, "तुम यहाँ, यानी तुम्हारे पति?"

"कुछ दहेज–वहेज का झंझट हो गया था। मैं सब छोड़–छाड़ यहाँ आ गयी।" उसने शीघ्रता से कहा और जैसे मुक्ति की साँस ली।

ओह, वही दहेज वाली मनहूस बात! दिल दुखी हुआ सुन कर। चुप रही। क्या कहती। प्रथम परिचय में ही उसने न जाने कितनी गहरी पीड़ा झेल कर बात अन्दर से निकाली थी।

समय दस के आसपास था। धूप की तेजी और गर्मी बढ़ती जा रही थी, तभी हमारी बस आ गयी। भीड़ अब कम थी। दफ्तर वाले अधिकांश लोग जा चुके थे, हमें सीटें साथ–साथ मिल गयीं।

मैं नोएडा के अपने नये एलॉट हुए मकान में बिजली के कनेक्शन के चक्कर में थी। अपने काम की उलझनों को सोच रही थी मैं, और वह, सम्भवतः दफ्तर इतने विलम्ब से पहुँचने को लेकर।

अगले दिन मैं सुबह शीघ्र ही निकल पड़ी। पिछले कटु अनुभव का प्रभाव था। स्टॉप पर पहुँची ही थी कि पीछे से आवाज आयी, "नमस्ते दीदी!" वह तरोताजा, मुस्कराती मेरे सामने आ खड़ी हुई।

अरे वाह! मैं भी जैसे खिल उठी। आज फिर उसे देखना भला–सा लगा। उस जनसमुद्र में अकेले खड़े रहने की अपेक्षा कुछ त्राण मिलेगा।

"मैं जानती थी, आज फिर आपसे मुलाकात होगी। मैं भी आपकी तरह जल्दी आ गयी न।"

"हाँ!" मैं हँसी, "कल कितना बोर हुए थे न।" मैंने देखा, वह चौड़े लाल बॉर्डर की तांत की साड़ी में बड़ी जीवन्त लग रही थी। आज माँग में सुर्ख लाल दपदप करता सिन्दूर और मस्तक पर सिन्दूरी बिन्दी, प्रयत्नपूर्वक गोल बनायी गयी।

"कल आपका काम हुआ?" उसने बड़ी आत्मीयता से पूछा।

"कुछ हुआ है, पर आज फिर बुलाया है। बिजली दफ्तरों के काम इतने आसान कहाँ!"

"कौन सा नम्बर है आपका? सेक्टर छब्बीस में बताया था आपने!" उसने चैतन्य होकर पूछा।

"हाँ, नम्बर एक सौ इक्यासी।"

"आप सीधे घर जायेंगी या पहले दफ्तर?" अब वह कुछ खुल पड़ी थी।

"पहले तो दफ्तर ही जाऊँगी, फिर मीटर-वीटर लगवाने घर। वैसे भी दोपहर की लू में लौटती नहीं मैं। आराम वहीं करती हूँ। धूप ढले ही लौटती हूँ। एक बजे तक काम हो जाना चाहिए आज; क्यों?"

"कुछ नहीं, पर वैसे मेरा दफ्तर आपसे ज्यादा दूर नहीं। आप कहें तो लंच टाइम में आ जाऊँ आपके पास।"

अब मैंने उसे ध्यान से देखा–सहज, सरल दृष्टि में एक आत्मीय सगेपन की जीवन्त चमक। जैसे खुल कर कह रही हो–मुझे तुम्हारा सामीप्य भाया है। कुछ क्षण ठंडी छाँह में बैठ लेने दो।

"आ जाओ। मैं तो स्वयं अकेला महसूस करती हूँ। काम अत्यावश्यक था और अवकाश मिला झुलसती गर्मियों में ही।"

"और सब लोग कहाँ हैं?" आज उसने पूछा। मुझे अच्छा लगा।

"वहीं, तुम्हारे बंगाल के पास। धनबाद में है परिवार हमारा।" मैं हँसी।

"अरे, धनबाद में तो मेरी बहन रहती है, मेरी अपनी चचेरी बहन। मेरी सहेली सी।" वह शिशुवत चहकी।

"चलो, फिर वापसी में तुम्हें साथ ले चलते हैं। अपनी बहन से मिलना चल कर।" मैंने तो यों ही कहा पर उसकी आँखें गहरी उदास हो आयीं, "अब कहाँ, जब से ससुराल छोड़ आयी हूँ, बदनाम हो गयी हूँ न। अब कौन मिलना चाहेगा मुझसे।" उसने एक आह-सी भरी और घड़ी में समय देखने लगी।

बस आज शीघ्र ही मिल गयी और हम पास-पास बैठ गये। लक्ष्मीनगर से नोएडा के सेक्टर छब्बीस तक रास्ता पन्द्रह-बीस मिनटों से कम न था। इस बीच काफी बातें हो सकती थीं। मैंने पूछ लिया, "यदि बुरा न मानो तो–वह दहेजवाला क्या चक्कर था जो

तुमने कल...'' मैं रुकी तो उसने प्रारम्भ किया। ''हाँ... वह... असल में...'' वह किंचित हकलायी। मैंने झट कहा, ''कोई बात नहीं...'' पर अगले ही क्षण उसने दृढ़तापूर्वक मेरा हाथ पकड़ते हुए कहा, ''नहीं दीदी, बताती हूँ आपको। संक्षेप में मैंने आपको दहेज का चक्कर बताया पर दीदी, असली बात सुनकर हैरान होंगी आप कि मेरे साथ क्या बातें हैं?''

''अच्छा!'' मेरा कुतूहल सीमा पर था।

''मेरी मैट्रिक की परीक्षा भी समाप्त ही हुई थी कि गोरखपुर के एक परिचित मेरे लिए माँ के पीछे पड़ गये। इन सज्जन... अब तो दुर्जन ही कहूँगी... के एक रिश्तेदार थे, बंगाल के चौबीस परगना में, जिसका गुणगान माँ के साथ नित्य ही करने लगे। बिन बुलाये आ धमकते रोज ही, हाथों में एकाध पैकेट पकड़े हुए। घर में पूरी गरीबी थी। मुझे लेकर हम चार भाई-बहन, बीमार पेंशनयाफ्ता पैंसठ वर्षीय पिता। मुझे आगे पढ़ा सकने का प्रश्न ही नहीं था। खिलाना-पिलाना ही कठिन हो रहा था। बाबा की लम्बी बीमारी ने घर को ऋणग्रस्त कर छोड़ा था। पैसों की बड़ी आवश्यकता थी। घर-गृहस्थी सँभालने की सारी जिम्मेदारी माँ पर आ पड़ी थी। माँ बाबा से बीस वर्ष छोटी थी, कुल बयालीस-चौवालीस की। तो तंगहाली में विवश मुझे उन्होंने बेच-सा ही दिया। मेरे पति ने, जिनकी उम्र मेरी माँ जितनी ही थी, दस हजार की रकम माँ को पकड़ायी और मुझे ब्याह ले गये। जाकर उनकी पहली पत्नी और उसके दो बच्चों को देखा तो तड़प कर रह गयी। जूट और नारियल के व्यवसायी उस मेरे पति नामक व्यक्ति के पास पैसों की कमी न थी, पर मेरा तो जीवन ही नष्ट हो गया था। सारे बुरे ऐब थे उसमें। वीभत्स चेहरे और गन्दी दृष्टिवाले उसके दोस्त सारे-सारे दिन घर में डटे रहते। पीना-खाना, जुआ-ताश सब चलता। मैं भयंकर घुटन में किसी तरह जीवित थी। माँ को बार-बार लिखा, मिन्नतें कीं कि मुझे बुलवा ले, पर व्यर्थ, अन्ततः छटपटा कर भाग निकली। दुर्भाग्य से उस बदचलन का बच्चा साथ लेती आयी, जिसका जन्म कुछ महीनों बाद माँ के घर हुआ, जब मैं कुल सत्रह वर्ष की थी।'' वह क्षण भर को चुप हुई।

''बड़ा दुख हो रहा है यह सब सुनकर। तुमसे पूछ कर मैंने पीड़ा ही पहुँचायी तुम्हें।''

''नहीं दीदी, शायद कोई रास्ता ही निकल आये। आप पूरी बात सुन लें मेरी।'' उसने अनुनय-सा किया।

''प्रसव के बाद मैंने माँ से बड़ा अनुरोध किया कि मुझे आगे पढ़ा दें पर उनका स्पष्ट उत्तर था कि मेरे अतिरिक्त और भी काम हैं उनके सामने, यानी मेरे तीनों छोटे भाई-बहन। भाग्य में जैसा घर था, मुझे मिला और मुझे वहीं जा कर रहना चाहिए।''

''यह तुम्हारे माँ-बाप दोनों का निर्णय था?'' मैंने पूछा।

''जी नहीं, केवल माँ का, बाबा पूरे निरुपाय हैं माँ के समक्ष; बूढ़े और अशक्त।''

''माँ तुम्हारी सगी तो है न?'' जाने कैसे मैं पूछ बैठी।

दीपा ने क्षण भर मुझे देखा, फिर हँस पड़ी, ''शत प्रतिशत! पर दीदी, माँ को भी दोष नहीं दिया जा सकता। उनका अपना सुनहरा समय भी घुट-घुट कर ही व्यतीत हुआ होगा, मेरे बाबा भी उनसे बीस वर्ष बड़े थे। माँ षोडषी थीं। अन्तर इतना था कि बाबा सचरित्र थे और पहली पत्नी मर चुकी थी, सो माँ की निभ गयी किसी तरह। पर मेरा मामला तो...'' वह चुप हो गयी, मेरी समझ में नहीं आ रहा था कि क्या कहूँ।

''अब यहाँ भी दीदी, चैन कहाँ है! इस उम्र में निश्चिन्तता कहीं भी नहीं। चारों ओर लपलपाती दृष्टि और लपकते हाथों से सुरक्षित रह सकना कितना कठिन है, यह बाहर निकल कर जाना...।''

''गोरखपुर जाती हो कभी?'' मैंने पूछा।

''हाँ, साल-सवा साल से यहाँ हूँ। दो बार हो आयी हूँ। मेरी बच्ची मोनू वहाँ है न! मोनू को रख लिया है माँ ने, उनकी कृपा है। बाबा बड़े दुखी हैं मेरे लिए।'' वह फिर दुख में डूब गयी।

''तुम्हारे लिए सचमुच बड़ा कष्ट हो रहा है दीपा, मुझसे कुछ हो सका तो प्रयत्न करूँगी तुम्हारे लिए।'' मेरा स्टॉप आ गया था।

''अच्छा!'' उसने हाथ हिलाया और मुस्करायी। उसे अगले स्टॉप पर उतरना था।

दोपहर मकान में उसकी प्रतीक्षा की, पर वह नहीं आयी। काम मेरा अब भी पूरा नहीं हुआ था। चौथे दिन हमारी मुलाकात फिर हो गयी। पूर्ववत तरोताजा, चहकती-सी समीप आ गयी वह।

एक नन्ही सी आत्मीय मुस्कान से कितना सौन्दर्य उमड़ आता

है चेहरे पर। आज वह मुझे कहीं अधिक सुन्दर लगी।

"उस दिन देर तक राह देखी तुम्हारी। आयीं नहीं तुम?"

"सॉरी दीदी। बॉस ने थोड़ी देर के भी छुट्टी नहीं दी। लंच के बाद तुरन्त लग जाना पड़ा काम पर। बड़ा टेढ़ा आदमी है, सौ जिरह करता है। किसी दिन बातें करने बैठूँगी, आपके पास–पूरे दिन की छुट्टी लेकर।" मैं मुस्कराती रही।

सहसा वह मुझसे सटकर खड़ी हो गयी और मेरी ओर सीधी देखते हुए भयाक्रान्त स्वर में फ़ुसफ़ुसायी–"जानती हैं दीदी, यह जगह बड़ी खराब है। यहीं, इसी बस स्टॉप पर तीन गुंडे दिनदहाड़े भीड़ के सामने एक लड़की को उठा ले गये। किसी ने चूँ तक नहीं की। जैसे पत्थर के हो गये हों सब-के-सब। रिवॉल्वर थे गुंडों के पास।" उसके स्वर का कम्पन मैंने स्पष्ट लक्ष्य किया।

"कब?" मैं चौंकी।

"बस, महीना भर पहले ही तो! सबके सामने टैक्सी पर उसे जबरन लाद-लूट कर घर्र से निकल गये।" उसने दोहराया, "मैंने यहीं खड़े स्वयं सब कुछ अपनी आँखों से देखा दीदी। उस क्षण से ऐसी दहशत समायी है मन में कि चारों ओर हाथ-ही-हाथ लपकते नजर आते हैं–क्या करूँ, कुछ समझ में आता नहीं, जैसे सारा आत्मविश्वास ही निचुड़ गया हो। लगता है, किसी भी क्षण कुछ भी घटित हो जायेगा, मैं....मैं.... निपट असहाय हूँ, जैसे बिल्कुल यतीम। किसे बताऊँ यह सब? कौन है मेरा?" वह कंठ तक फूट आये रुदन को रोकने के प्रयत्न में हांफने लगी थी।

मैं पथरीली निगाहों से चुपचाप उसे देखे जा रही थी। एक लम्बी साँस निकल आयी छाती से। बोली–"तुम्हारी माँ को चाहिए.... कुछ.... करना तुम्हारे लिए। यों अकेले रहना तो बड़ा कठिन है.... इस उम्र में।" उसके लिए अपार करुणा उमड़ रही थी अन्दर। पर इससे क्या होना था? उसकी पीड़ा का छोर नहीं था और अपने शब्दों की व्यर्थता, मुझमें आत्मग्लानि जनित उदासी भर गयी।

"मैंने माँ से बार-बार कहा, तलाक दिलवा दे मुझे। मुक्त हो जाऊँ, चैन से जी सकूँ। अब तो डर-डर कर साँस ले रही हूँ। तब शायद कोई सहज रास्ता निकल आये। पर माँ ने आँख-कान बन्द कर रखे हैं मेरे लिए। कौन लड़ेगा दीदी मेरी तरफ से? बाबा बीमार

और बूढ़े हैं, वे कुछ नहीं कर सकते, सिवाय छटपटाने के।'' हवा बेहद बोझिल और दमघोंटू प्रतीत होने लगी थी। हमारी निगाहें विपरीत दिशाओं में निरर्थक, कुछ ढूँढ़ने-सी लगी थीं। तभी उसकी ही उम्र का एक दुबला-पतला-सा युवक बड़े आत्मविश्वास से हमारे निकट आ खड़ा हुआ, ''कैसी हो दीपा!''

तनिक चौंक कर उसने देखा और बुझे स्वर में बोली, ''ठीक हूँ।''

''इधर देखा नहीं तुम्हें। तबियत ठीक है न? किरण कह रही थी, बीमार हो–छाती में कुछ दर्द-सी रहने लगी है, एक्स-रे नहीं कराया? कल छुट्टी ले लो। करा लेते हैं चलकर। वहम मिट जाये'' फिर उसने मुझ पर एक गम्भीर-उदास दृष्टि डाली, कुछ समझने की कोशिश करते हुए।

''ठीक हूँ, दर्द अब नहीं है, ये.... ये मेरी दीदी हैं, गोरखपुर से आयी हैं।''

युवक ने बड़ी शालीनता से हाथ जोड़े और चुपचाप खड़ा रहा।

''तुम्हारी बस तो सामने के स्टॉप पर लगेगी शायद,'' दीपा ने शायद उसे टालना चाहा।

''हाँ, तुम्हें देखा तो सोचा, पूछता चलूँ। किरण ने बताया था। अच्छा!'' और वह हाथ हिलाता चला गया।

दीपा मुस्करायी, ''यह लड़का.... यह लड़का, दीदी, छह महीने तक मेरा भाई, सगा भाई बना रहा था। मुझसे राखी भी बँधवायी थी इसने। फिर...'' वह रुकी।

''फिर क्या?'' मैंने पूछा।

''फिर एक दिन, अचानक गिरगिट-सा रंग बदलता हुआ दिखा मुझे... सँभल गयी। वैसे शरीफ था, खतरनाक नहीं। अपनी भावनाओं से लाचार हो गया था बेचारा। चाय का प्याला पकड़े-पकड़े सब कुछ साफ-साफ उगल बैठा एकदम। जैसे नशा करके आया हो। बोला, 'मैं इतना मजबूत नहीं दीपा, तुम्हें और भुलावे में नहीं रखना चाहता। बहुत दिनों से उथल-पुथल चल रही है मन में। क्यों नहीं हम कोई निर्णय ले लें? तुम भी बेसहारा हो और मेरा भी..' मैंने उसे चुप रहने का संकेत किया। फिर दोनों चुपचाप चाय पीते रहे। मुझे उस पर दया आ रही थी। आश्चर्य बिल्कुल नहीं हुआ था। लड़का वैसे भला था, मेरे लिए किये गये उसके उपकार मुझसे

नजरअन्दाज नहीं किये गये। थोड़ी देर बाद चुपचाप उठ कर जाने लगा तो बोली, 'अच्छा किया कि तुमने साफ-साफ बताया, पर तुम जानते हो। मैं स्वयं मझधार में हूँ अभी। ऐसे में कोई मूर्खतापूर्ण कदम न उठाना चाहूँगी, न तुम ही चाहोगे। तुम्हारे आगे तो एक स्पष्ट भविष्य है। मुझे मेरे हाल पर छोड़ दो भाई, और क्या कहूँ।' वह रोने लगा था, बच्चों-सा। मुझसे साल-दो साल बड़ा ही होगा। पर उस वक्त बड़ा अबोध, शिशुवत लगा। बेचारे ने अभी देखा ही क्या था! उसके समक्ष अपनी दृष्टि में मैं प्रौढ़ा थी। वह चला गया और फिर नहीं आया।''

''यह छाती में दर्द कैसा बताया उसने?'' मैंने पूछा।

''हाँ, जब ज्यादा सोचती हूँ न दीदी, तो जाने कैसी घुटन और दर्द-सी होने लगती है अन्दर-छाती में।''

मुझे आघात-सा लगा, ''तो मत सोचा करो न! क्या फायदा?'

''आगे क्या होगा दीदी मेरा! इतनी उम्र कैसे बीतेगी? कितनी ही बातें... कितने ही विचार मन को मथते रहते हैं हरदम।''

''अरे! भविष्य किसने देखा है, वर्तमान में जियो। काम कर रही हो। मस्ती से खटो...खाओ और खुश रहो।'' अपने ही शब्द अनर्गल-से लगे मुझे।

''यह करना बड़ा कठिन है, दीदी। भविष्य छोड़िए—वर्तमान ही डराता है, क्षण-क्षण। उस दिनवाली घटना, मन-मस्तिष्क से उतरती ही नहीं—गुंडों और लड़कीवाली। सहमते काँपते हुए निकलती हूँ घर से। स्वयं को छिपाती रहती हूँ, जैसे कोई शौक नहीं, कोई फैशन नहीं, सामान्य-से-सामान्य दिखूँ, यही कोशिश रहती है। आप ही बताइए कैसे, क्या करूँ मैं?'' और इस बार रुलाई रोकने के लिए उसने आँचल का छोर मुँह में दबा लिया था।

''कभी-कभी तो जी चाहता है,'' वह फिर बोलने लगी थी, ''अपने आप को समाप्त कर दूँ। दौड़ती आती बसों की तरफ दौड़कर इनके नीचे लेट जाऊँ, छुट्टी मिल जाये इन पीड़ाओं से।''

मैंने उसके कन्धे पर हाथ धरा, ''अरे नहीं-नहीं, कभी भूल कर भी मत सोचना ऐसा। कायर हो। ईश्वर कोई-न-कोई रास्ता सुझायेंगे। धीरज मत छोड़ना। समझदार लड़की हो तुम तो।'' मुझे अपने शब्दों के खोखलेपन पर लज्जा आने लगी थी अब।

''मुझे अपने साथ ले चलिए दीदी, मैं चलूँगी आपके साथ।''

मैं चुप रही, कहती भी क्या?

''मैं आपके साथ बिहार चलती हूँ। वहीं कोई काम दिला देना, मेरे लायक। मैं थोड़े में गुजारा कर लूँगी। इस महानगर में तो मेरा दम घुटता है दीदी।'' वह कातर हो आयी थी।

''हिम्मत से काम लो दीपा। मैं जाकर तुम्हें पत्र लिखूँगी। पूरी कोशिश करूँगी तुम्हारे लिए। ऐसे नहीं घबराते। अच्छाई-बुराई हर जगह है। अन्तर ज्यादा नहीं।'' मैंने समझाया तो कुछ आश्वस्त हुई, बोली, ''आज मैं ऑफिस नहीं जाती। आज का दिन आपके ही साथ रहूँगी।'' उसकी निश्चल दृष्टि में ढेर-सा अनुनय भर आया।

''अच्छी बात है, चलो, मुझे भी कम्पनी रहेगी।''

वह जैसे निहाल हो उठी। हम साथ-साथ बस में बैठे। वह चुपचाप बस के बाहर देख रही थी। प्रसन्न भी थी और गम्भीर भी।

''दीदी, आप मेरा पता ले लेना, मैं आपका ले लूँगी। आप वहाँ मेरे लिए कोई काम देखना दीदी। मैं आपके साथ आपके पास रह लूँगी। आप पर मुझे भरोसा हो गया है दीदी।''

उनके अनुनय का दोहराव मुझे कचोट रहा था पर ऊपर से मुस्करायी। उसके अन्तर का आलोड़न मेरे अन्दर व्याप्त हो रहा था। अन्दर तक हिल गयी थी मैं। कुछ कर सकूँगी इसके लिए? क्यों है यह सब—ऐसी निरीहता? बस भागी जा रही थी। लक्ष्मीनगर से नोएडा के मध्य स्टॉपेज बहुत कम हैं। बस पूरी रफ्तार में थी। एक रफ्तार हमारे अन्दर भी थी, जिसकी तीव्रता कहीं ज्यादा थी। अचानक वह बोल पड़ी, ''आप यहाँ ठहरी कहाँ हैं?''

''कृष्णानगर, अपनी बहन के घर, क्यों?'' मैंने पूछा।

''अभी कुछ दिन रुकेंगी न?''

''बस, इस सप्ताह भर हूँ, तीन-चार दिन और समझ लो।''

''मैं परसों रविवार को आपके पास कृष्णानगर आ जाऊँ। आज छुट्टी लेनी पड़ जायेगी। पैसे कट जाते हैं। हृदयहीन हैं सब। इस तनख्वाह में गुजारा वैसे ही मुश्किल है। मैं परसों आऊँगी, रविवार के दिन। ठीक रहेगा न दीदी?'' शायद इसी उधेड़बुन में थी वह।

''हाँ-हाँ, जैसी तुम्हें सहूलियत हो।'' मैंने तसल्ली दी।

उसने बड़ी आश्वस्ति से मुझे देखा, ''दीदी, आपका चेहरा मेरी

माँ से मिलता है।" थोड़ा संकोच था स्वर में।

"अच्छा!" मुझे अच्छा लगा।

"हाँ, खासकर आपके होंठ। जब आप मुस्कराती हैं न....तो... आप बड़ी सुन्दर लगती हैं मुझे, इस उम्र में भी। मैं सोच रही थी, आप जब मेरे जितनी रही होंगी तो..." उसका आरक्त चेहरा फूल सा खिल आया था। उसने सिर झुका लिया। मैं खुल कर हँस पड़ी। उसने साथ दिया, "तुम्हारे दीदी जो हूँ। सुन्दर तो लगूँगी ही। जानती हो, मेरी बड़ी दीदी, मुझसे छह-सात साल बड़ी, मुझे बड़ी खूबसूरत लगती हैं, बड़ी प्यारी... सुन्दर तुम्हारी दृष्टि है दीपा। हर बात, हर वस्तु के लिए इसी दृष्टि का प्रयोग करो। फिर देखो, कोई मनहूस विचार भूल कर भी तुम्हारे पास नहीं फटकेगा।"

मेरा स्टॉप आ गया, मैं उतरने लगी। उसने मुझे छुआ और मुस्करायी, "अच्छा, दीदी।"

"ठीक है, आना तुम।" मेरा काम, दफ्तर का उस दिन पूरा हो गया। रविवार को घर पर मैंने उसकी बड़ी प्रतीक्षा की पर वह नहीं आयी।

दो-तीन दिनों बाद मैं बिहार लौट आयी। परिवार को, परिचितों को, दीपा-कथा बतायी। उनकी टिप्पणी थी-"क्या पता सच है, झूठ है।"

"हम चाह कर भी कर तो नहीं सकते न कुछ भी। सारा संसार ही दुखी है, किस-किसका दुख हरेंगे आप!"

"भावुक मन, इसी तरह दुख पाता है, जैसे आप पा रही हैं। छोड़िए भी... भूल जाइए उस बात को।"

तीसरे दिन मैंने उसे पत्र डाला कि प्रयत्न में हूँ, उसके योग्य कोई कार्य मिलते ही सूचित करूँगी। साहस और धैर्य का दामन न छोड़े... आदि। पर हफ्तों बीत गये, उसका उत्तर नहीं मिला। क्रमशः मेरा ध्यान भी उधर से हटता गया।

बरसात शुरू हुई और दो-ढाई महीने बाद ही फिर मुझे जाना पड़ा। हमारे किरायेदार ने शिकायतीपत्र भेजा था कि छत बुरी तरह सील रही है और अन्दर बूँदें टपकने लगी हैं। माथा ठनका। नये मकान की यह दशा। खैर, हफ्ते भर मरम्मत वगैरह में निकल गया। वापसी से पहले दीपा से मिल लेना चाहती थी। इस हफ्ते भर की

अवधि में बस स्टॉप पर मुझे वह नहीं दिखी। पूछती भी किससे? आँखें चुपचाप ढूँढ़ती रही थीं उसे। रहा नहीं गया तो उसकी गली में जा घुसी। पूछते-पाछते उसके मकान मालिक से मुलाकात हो गयी। मेरी बात सुनते ही बोला, ''अरे, उस दीपा की बात पूछ रही हो आप? अरे, उसे तो गुंडे उठा ले गये, बस स्टॉप पर से। बड़ा अन्धेर है बहन!''

''कब?'' मैं चीख-सी पड़ी।

''यही कोई दो महीने हुए।''

''बड़ी समझदार थी लड़की, घरवालों ने अकेला छोड़ रखा था। बेचारी, किस्मत की मारी... खुद को बचा नहीं पायी।''

मेरी कनपटियों पर जैसे हथौड़े बजने लगे, ''कहाँ है अभी... कहाँ होगी?... कहाँ होगी वह?''

''पर.... पर आप कौन हैं?''

कौन थी मैं उसकी? मौन, नीम-बेहोशी में मेरे पैर स्वतः वापस गली को मुड़ गये थे और पीठ पीछे तीन शब्द चाबुक के आघात-से बजने लगे थे... सटाक्... सटाक्। कौन हैं उसकी! कौन थी मैं उसकी!

❑❑